CARRÉS I

Masques

esprits d'Afrique

spirits of Africa

Photographies de Thomas Renaut
Textes de Marie-Aude Priez

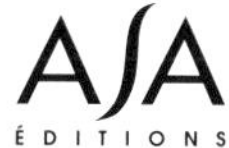

"... Le masque africain n'est pas la fixation d'une expression humaine, c'est une apparition... Le sculpteur n'y géométrise pas un fantôme qu'il ignore, il suscite celui-ci par sa géométrie, son masque agit moins dans la mesure où il ressemble à l'homme que dans celle où il ne lui ressemble pas ; les masques animaux ne sont pas des animaux : le masque antilope n'est pas une antilope mais l'esprit-antilope, et c'est son style qui le fait esprit..."

André Malraux

"Les Arts de l'Afrique noire", de Jean Laude - éditions du Chêne.

"... African masks are not the fixation of a human expression, but rather an appearance... The sculptor doesn't geometrize a ghost he ignores, he gives rise instead to the latter through his geometry, his mask acting less insofar as it resembles the man, and more insofar as it doesn't resemble him. The masks of animals are not animals: the antelope mask is not an antelope but rather a spirit-antelope, and it's its style that makes it spirit..."

André Malraux

"Les Arts de l'Afrique Noire" by Jean Laude - éditions du Chêne.

CARRÉS D'IMAGES

Masques

esprits d'Afrique

spirits of Africa

Photographies de Thomas Renaut

Textes de Marie-Aude Priez

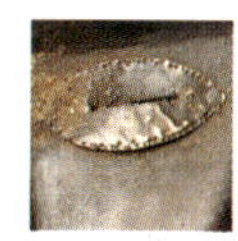

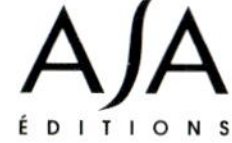

ASA ÉDITIONS

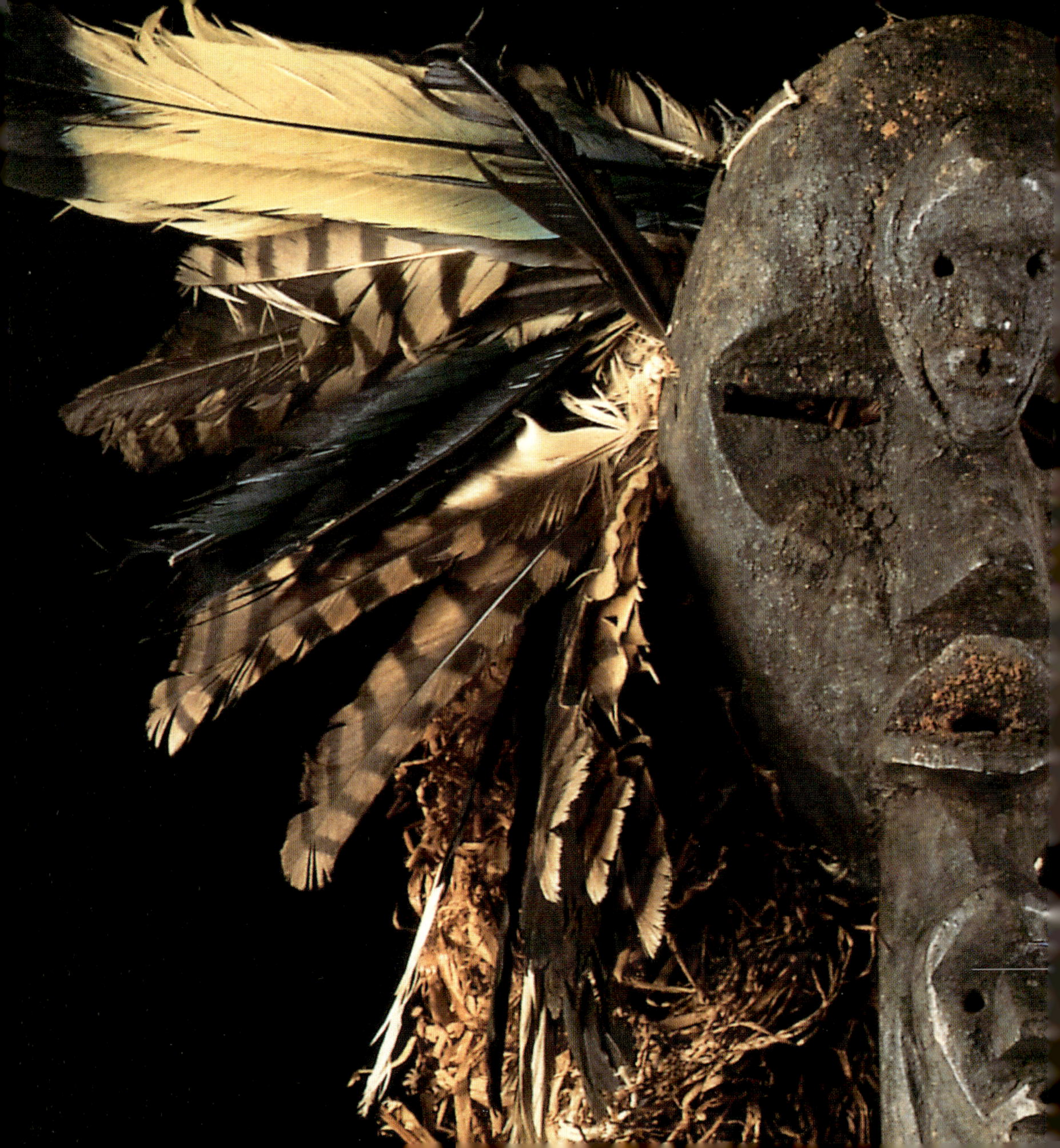

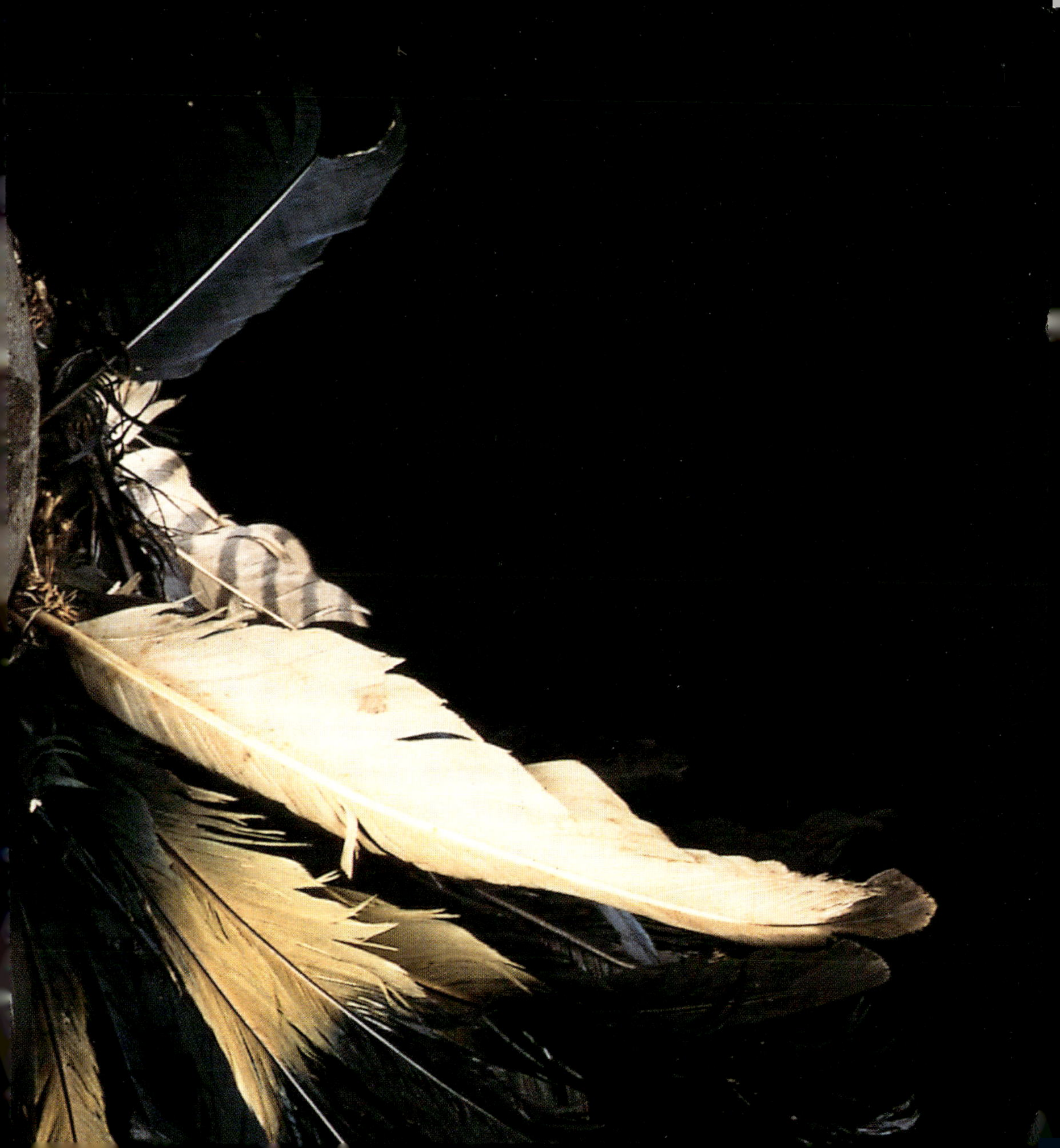

Les arts d'Afrique appelés singulièrement "arts nègres" ou "arts primitifs" ont été longtemps méconnus, mal connus ou dépréciés jusqu'à leur promotion par certains peintres modernes de la période dite du "cubisme", lesquels y avaient, pour la plupart, trouvé une source d'inspiration. Pablo Picasso ou Matisse, par exemple, en firent infiniment plus pour les arts dits "premiers" que les explorateurs en quête d'aventures et d'Afriques, en quatre siècles.
La mystique entretenue déjà par les récits des croisés puis des explorateurs, mais encore par certains vieux manuscrits autour de la ténébreuse, ensorcelante, mystérieuse Afrique contribuait à entretenir les vieux fantasmes, les préjugés et les peurs nourris par ce continent abandonné de Dieu et livré à des sorciers puissants et aux cannibales.

Of African art, singularly known as "Negro Arts" or "Primitive Arts", we've long known but little, as it was ill reputed or appreciated until being made known by some of the modern painters of the "Cubist" period, many of whom found in it a source of inspiration. Pablo Picasso, or Matisse, for example, did infinitely more for the so-called "primitive arts" than did all the explorers in quest of adventures in Africa put together did in four centuries.
Its mystique, kept ever alive by first the tales of the Crusaders, then explorers, as well as certain old manuscripts devoted to the dark, bewitching, mysterious Africa, itself contributed to supporting old fantasies, prejudices and fears fed by this continent abandoned by God and handed over to powerful witchdoctors and cannibals.

It was economic reasons - more than thirst for discovery or taste for adventure -

Ce furent davantage des raisons économiques que la soif de découverte et le goût de l'aventure qui poussèrent les explorateurs à la découverte du continent africain. Par ailleurs, l'or du Soudan, qui n'était pas une fiction fut l'une des sources d'intérêt de l'Europe pour l'Afrique noire. Ces attraits convergèrent en un courant qui fut favorable à l'Afrique et ceci jusqu'au XVIIe siècle. Les souverains possédaient, chacun, des pièces d'art provenant du Dahomey, des royaumes de la côte d'Or qui figuraient au premier rang de leur collection personnelle.
L'église catholique, à la fin du XVe siècle, influença de manière très nette l'idée que l'Europe se fit de l'Afrique et de l'Africain. Le passage de la Genèse qui rappelait le repeuplement de la Terre après le déluge autorisa le clergé à un amalgame de nature à régler les tergiversations autour du continent africain : Chanaan le fils maudit et sa descendance allaient servir de prétexte à justifier la traite des Noirs

that drove the explorers to discovering the dark continent. Moreover, the gold of the Sudan, far from being a pipe-dream, represented one of the primary attractions for Europeans in Black Africa. These various magnets converged into a current favorable to Africa, and continued to be so right up until the 17th century. Every sovereign possessed works of art from the Dahomey, and the kingdoms of the Ivory Coast which were the pearls of their personal collections.

The Catholic Church, until the end of the 15th century, clearly influenced the idea Europe had of Africa and the African. The passage in Genesis, recalling the rebirth of the earth after the deluge, enabled the clergy to come together and thus put an end to the procrastination over the African continent : Chanaan, the cursed son and his descendants were to serve as a pretext to justify the slave trade and the horrible

et les horribles exactions commises contre leur peuple.
Seule la profession de foi, semblait-il, pouvait réhabiliter l'Afrique, qui crut devoir son salut à la conversion.
La traite des nègres et son économie fleurissante aura raison, jusqu'au XIXe siècle et à l'indépendance, de toutes les utopies.

La révolution industrielle sera le témoin de la naissance des arts premiers qui traduisent la supériorité de l'expression d'une technique comparée à une autre. Le XIXe reconnaît la suprématie de la peinture sur la sculpture et nombreux furent les philosophes, les scientifiques et les artistes qui soutinrent cette doctrine. Mais plus tard, le concept de "primitivisme" s'assouplit et l'Europe procède à un rassemblement démesuré d'objets d'art africain. Les expertises de l'époque étaient basées sur des critères à

injustices committed against their people. Only a "profession of faith", it seemed, could save Africa which believed its salvation lay in conversion.
The slave trade and its flourishing economy were to win out over, until the 19th century and independence, every utopia.

The industrial revolution was to witness the birth of the primitive arts that revealed the superiority of expression between two different techniques. The 19th century recognized the supremacy of painting over sculpture, and many a philosopher, scientist and artist alike supported this doctrine. But, much later, the concept of "primitivism" became less rigid, and Europe soon amassed an incredible collection of African Art. The expert appraisals of the day were based on criteria that were, from any point of view, incoherent, still being compared with the model of classic

tout point de vue incohérents et toujours comparés au modèle que représentait la sculpture classique...

Le début du XIXe siècle connaîît des bouleversements radicaux. L'approche de l'œuvre par l'artiste peintre remet en question la communication entre l'œuvre et son univers concret par la soudaine manifestation de l'abstrait. Ce postulat exprime le parfait refus de tout support linéaire et textuel qui suffirait à entraver l'autonomie de l'œuvre.
Cette prise de position explique l'intérêt soudain pour l'art nègre en général et les masques en particulier. À la veille de l'exposition coloniale de 1931, l'art primitif devait se nourrir de l'extravagant intérêt que lui portaient, soudain, les salons d'intellectuels et d'artistes européens et connaître une grande dynamique autour d'un

sculpture...

The turn of the 20th century was to see radical changes. The approach to the work by the artist-painter once again questioned communication between the work and its concrete universe by the sudden manifestation of the abstract. This postulate expressions the absolute refusal of any linear and textual support that would suffice to hamper the autonomy of the work.
This stance explains the sudden interest in Negro Art, in general, and in masks, in particular. On the eve of the Colonial Exhibition of 1931, primitive art was forced to live off the extravagant interest suddenly taken in it by the European salons of intellectuals and artists, and was to be activity traded on the marketplace, though ignored by certain "well-known" collectors of and experts in Negro and primitive art.

marché censuré par certains "collectionneurs initiés" et des experts en art nègre et en arts primitifs.

Il existe, en Afrique, des documents écrits qui datent du XVIe siècle, mais, dans sa grande majorité, l'histoire de l'Afrique est orale, traditionnelle et ésotérique. Elle se transmet de génération en génération au cours de cérémonies à caractère secret et initiatique. L'avancée de l'islam fut, dans certaines régions, un frein à l'expansion de l'art africain puisque cette religion interdisait la reproduction de figure animale ou humaine.

Les masques des régions de l'Afrique de l'Ouest et de l'Afrique du Centre se sont toujours faits les interprètes de l'art animiste. Il faut attirer l'attention du lecteur sur ce point particulier qui opposait les Africains du centre et de l'ouest du continent, de

Although we can find in Africa many written documents dating back as far as the 16th century, in its vast majority, the history of Africa is essentially oral, traditional and esoteric, handed down from one generation to the next during secret, initiation ceremonies. The advance of Islam slowed down, in certain regions, the expansion of African art since this religion forbid the reproduction of animal or human figures.

Animist art has always expressed itself through the masks of western and central Africa. But those of central and western Africa, being of sedentary nature, stood in opposition to the masks of the other African peoples who embraced Islam, the religion of nomads and merchants. The inhabitants of these regions were of animist religion and culture.

nature sédentaire, aux autres peuples qui ont embrassé l'islam, religion des nomades et des commerçants. Les habitants de ces régions étaient de culture et de religion animiste. Cette religion exprime l'idée de la présence de dieux en tout être et toute chose ainsi que l'existence de ses intermédiaires entre eux et l'homme, c'est-à-dire : les ancêtres, les esprits et les âmes, les génies.

Loin de l'icône, l'animisme se reconnaît dans la traduction abstraite et concrète de ces messagers qui sont représentés par des objets animés par le divin.
Cette tradition profondément ancrée dans la culture renforce l'importance et l'influence de cette pratique. On comprend mieux, alors, l'existence d'une "société secrète et animiste" qui retrouve dans les rites de l'initiation toute la fondation de l'art animiste. Leurs rites évoluent selon les régions où ils sont pratiqués et chacune

This religion is based on the idea that God is present in every being and in every thing, and postulates the existence of His intermediaries between Himself and man, that is to say, ancestors, spirits, souls and genii.

Animism can be recognized in the abstract and concrete translation of those messengers who are represented by objects animated by God.
This tradition, firmly anchored in the culture, reinforces the importance and influence of this practice. We thus better understand how a "secret animist society" finds in the rites of initiation the very foundations of its art. The rites differ according to the regions where they are practiced, and each set is endowed with its own, unique religious authenticity.
These foundations precede all development for, in itself, it is sufficient to explain that

d'entre elles possède une authenticité liturgique qui lui est propre.
Ce fondement précède tout développement car, en soi, il suffit à expliquer que pour établir un classement de l'art, en Afrique, il suffit de confronter l'authenticité de l'art animiste de l'Ouest et du Centre aux "représentations artistiques" des autres régions de l'Afrique du Sud et de l'Est.

Les masques sont les traducteurs de première importance des rites et des pratiques de l'animisme, en particulier dans l'ouest du continent, qui englobe la Côte d'Ivoire jusqu'aux limites sud du Sénégal. Dans ces régions, les masques constituent le pilier de la culture animiste.
L'art animiste d'Afrique est souvent l'objet d'une appréciation parfaitement subjective. Le fait de présumer de l'authenticité d'une pièce sur la base de la comparaison

we can establish a classification of art in Africa, one need only confront the authenticity of the animist art of the west and center, contrary to the "artistic representations" of the other regions of south and east Africa.

Masks are the principle instruments of the animist rites and practices, particularly in the western half of the continent, spanning from the Ivory Coast to the southern border of Senegal. In these regions, masks are the very cornerstone of animist culture.

African animist art is often the subject of completely subjective appreciation. By presuming the authenticity of a piece of art is determined solely by comparison with older ones, this seems to cast a shadow over the more recent works. Yet in animist culture, an object's authenticity and value depend in fact on the object being "inha-

avec certaines, plus anciennes, paraît dévaloriser les pièces les plus récentes. En effet, dans la culture animiste, l'authenticité et la valeur de l'objet résideraient davantage dans le fait que ce dernier soit “habité” ou “animé” par le souffle vital. On pourrait donc affirmer que les objets anciens ne sont pas les seuls à être dotés du pouvoir transmis par la main du sculpteur et, par conséquent, que les objets plus récents ont une valeur intrinsèque et qui dépasse les limites des expertises traditionnellement basées sur la seule valeur de l'âge.

En d'autres termes et de manière plus prosaïque, il suffit à un masque d'être sculpté de la main du sculpteur initié pour que lui soit conféré un usage rituel, qui lui permettra de pouvoir “danser” pendant les cérémonies, et, bien qu'étant tout à fait récent, de devenir authentique.

bited" or "animated" by the vital breath. We can thus clearly state that ancient objects are not the only ones to be endowed with the power of the sculptor's hand, and, consequently, even the most recent objects possess an intrinsic value in themselves, which goes far exceeds the limits of expert appraisals essentially based on solely age itself.

In other terms and more prosaically speaking, a mask need only be formed by the hand of the initiated sculptor to confer on it a ritual use and enable it to "dance" during the ceremonies and, to become authentic. Although being quite recent, it becomes authentic.

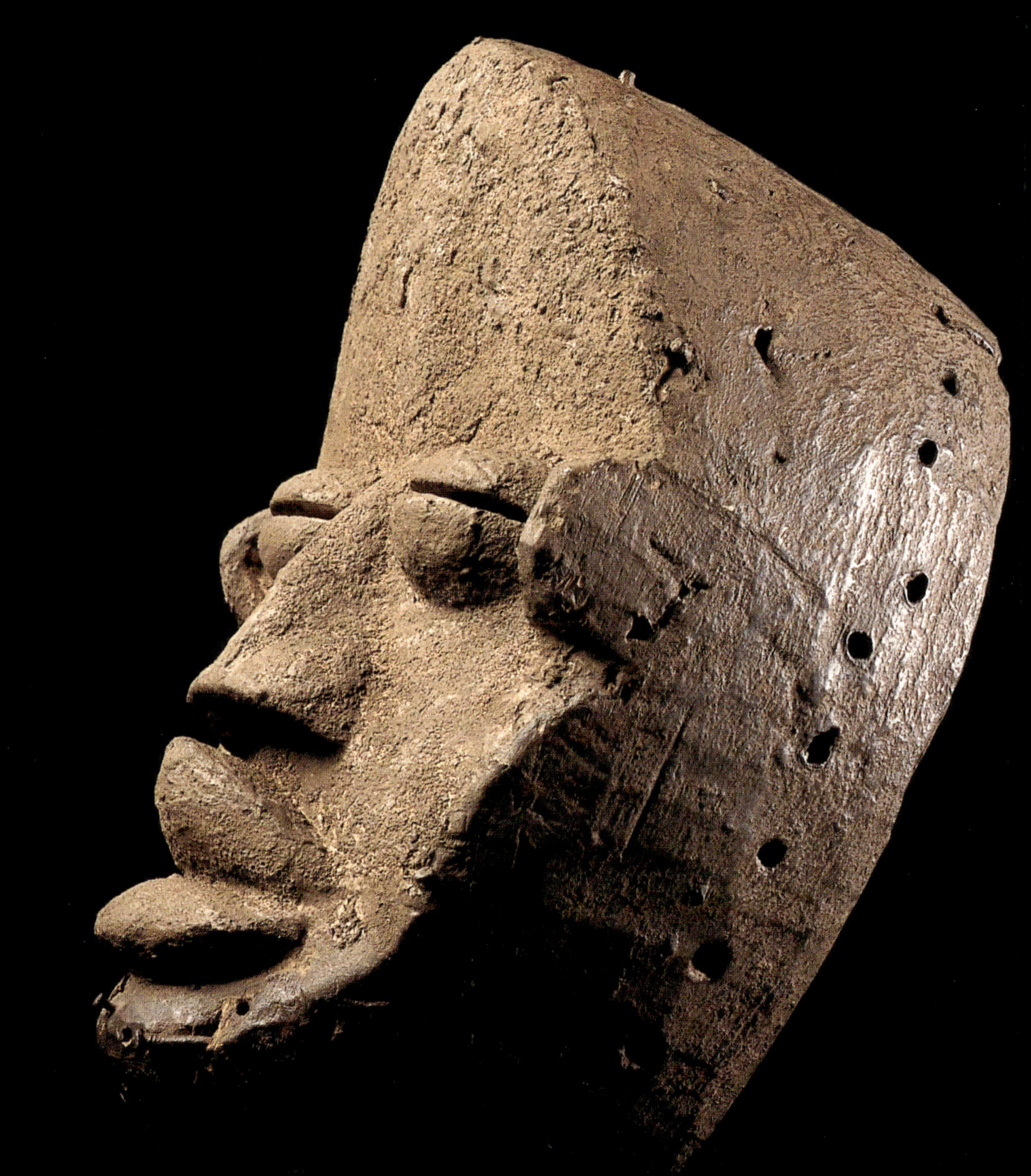

Le groupe Dan guéré

Il correspond au groupe Ouest. Cette grande famille est composée de peuples qui ont, pour la majorité, été en contact avec le colon. Cela suffit à expliquer que l'on retrouve dans certaines régions des masques dont les traits brutaux et agressifs soulignent leur beauté à la fois expressive et abstraite. Les masques Guéré portent en eux le souffle rebelle et guerrier qui habitait leur peuple soumis à la colonisation.

Le rôle des masques dans la société est complexe : délivrer les messages, célébrer les réjouissances ou les deuils, prévenir la société des méfaits des sorciers, annoncer les nouvelles récoltes, l'arrivée d'un étranger, célébrer les fêtes de générations, amuser les foules, faire l'aumône, danser pour la chasse, célébrer la paix, servir de carte d'identité...

The Guéré Dan group

which corresponds to those of the west. This large family is made up of peoples who, for the most part, were in contact with the colonialists. This is enough to explain why we find in certain regions masks whose rough, aggressive features all go to underscore both their abstract and expressive beauty. The Guéré masks bear within the rebellious, warlike breath that inhabited their people under the submission of the colonists.

The role of masks in society is complex as they are used for many different purposes, such as: delivering messages, celebrating good tidings, mourning the dead, warning society of misdeeds on the part of witchdoctors, announcing new harvests, the arrival of a stranger, celebrating the feasts of generations, begging for alms, dancing before a hunt, commemorating peace, acting as an identity card...

Masque chanteur - Masque royal Bassa du Liberia.

L'air bonhomme de cette pièce lui confère l'expression rassurante des masques qui célèbrent la joie, la paix.

Le masque chanteur est aussi un masque de paix. Il sort de l'enclos sacré pour célébrer les périodes d'abondance et chanter les louanges du grand masque de paix dont il est l'accompagnateur.

2e époque - bois cuir et fibres végétales-, collection Guenneguez.

Singer's mask - The royal Bassa mask of Liberia.

The friendly appearance of this piece confers on it the reassuring expression of masks that celebrate joy and peace.

The singing mask is also one of peace. It comes out of the holy enclosure to celebrate periods of abundance and sing the praises of the great mask of peace which it accompanies.

2nd period - wood, leather and vegetable fibers - Guenneguez Collection.

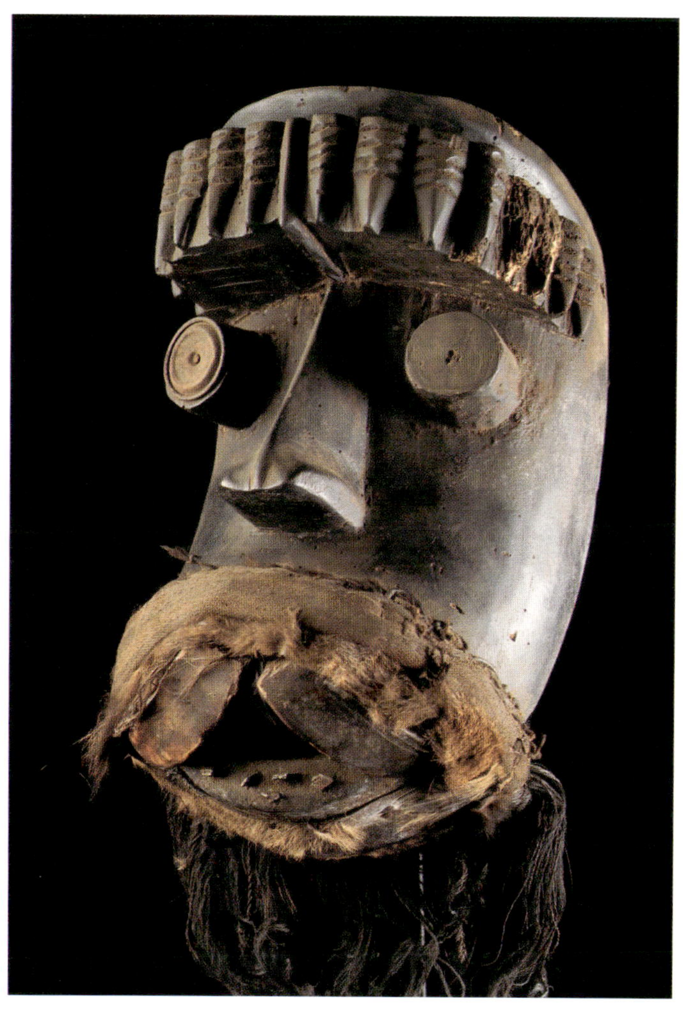

Masque chanteur - Masque royal Duokoué, région de Man, Côte d'Ivoire.

On peut se poser la question, en prêtant attention aux traits finement ciselés de ce masque, de savoir s'il incarne un principe masculin ou féminin. Est-il aussi l'accompagnateur d'un masque de paix ou alors a-t-il revêtu le principe féminin pour annoncer le retour des femmes excisées afin de leur donner du courage ?
Ce masque de cérémonie danse aussi lorsqu'il s'agit d'annoncer le décès d'un roi.

2e *époque - bois et grelots -, collection Guenneguez.*

Singer's mask - The royal Duokouémask, region of Man, Ivory Coast.

One might ask oneself in studying the finely chiseled features of this mask if it incarnates a masculine or feminine spirit. Is it also the accompanist of the mask of peace or has it taken on the feminine principle to announce the return of excised women to give them courage?
This ceremonial mask also dances to announce the death of a king.

2nd *period - wood and small bells - Guenneguez Collection.*

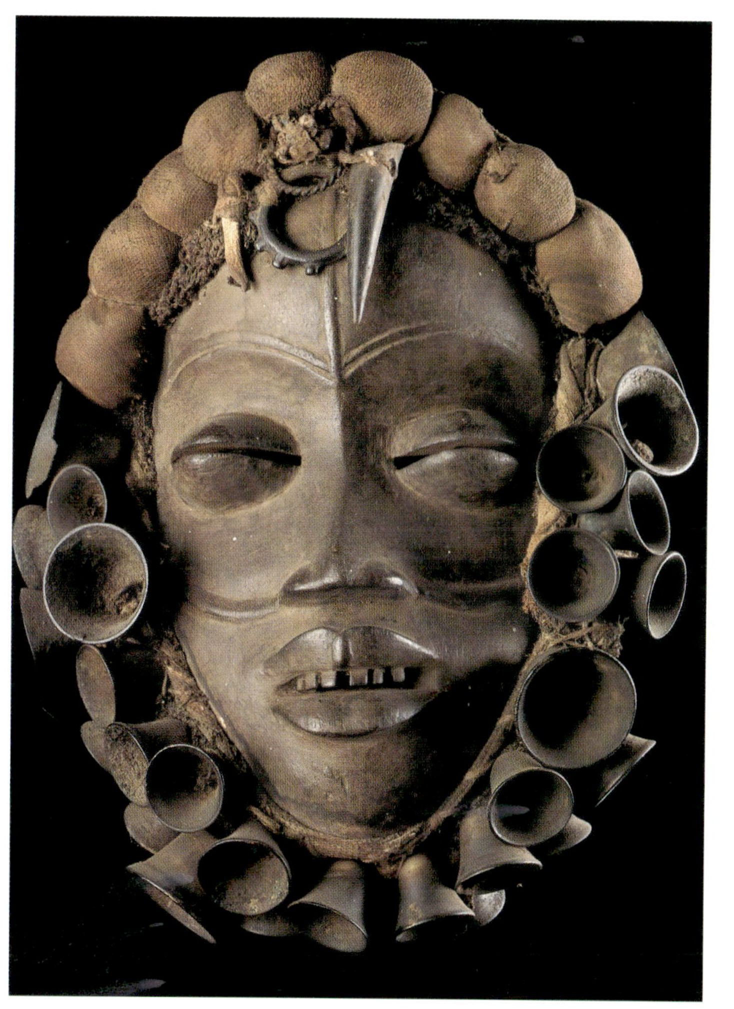

Masque mendiant - Masque royal Mano du Liberia.

Des traits ponctués par un relief insicif : un nez, que dire ? Un bec ! Des yeux rieurs pour l'un et étonnés pour l'autre, que d'efforts pour arriver à dérider l'assemblée, ou plus simplement pour lui soutirer quelques pièces ou "jetons" et lui éviter d'être "chahutée" par des masques retors comme le masque "amuseur"...
Ces masques font leur sortie après les funérailles du roi et interviennent pour demander au village d'effectuer des "sacrifices", des dons pour les cérémonies qui succèdent aux funérailles du roi.

3e *époque - bois -*, collection Guenneguez (*haut*).

1re *époque - bois et peaux -*, collection La Rose d'Ivoire (*bas*).

Beggar's mask - The royal Mano mask of Liberia.

Features broken with incisive relief; a nose, what can you say? A beak? Laughing eyes for one, and astonished for another, so many effects to try and cheer up the assembly or, more simply, to get a few coins or "tokens", and to spare him being "roughed up " by masks such as the "joker "...
These masks come out after the king's funeral to ask the village to make "sacrifices", that is to say donations for the ceremonies following the king's burial.

3rd *period - wood -* Guenneguez Collection (*top*).

1st *period - wood and hide -* La Rose d'Ivoire Collection (*bottom*).

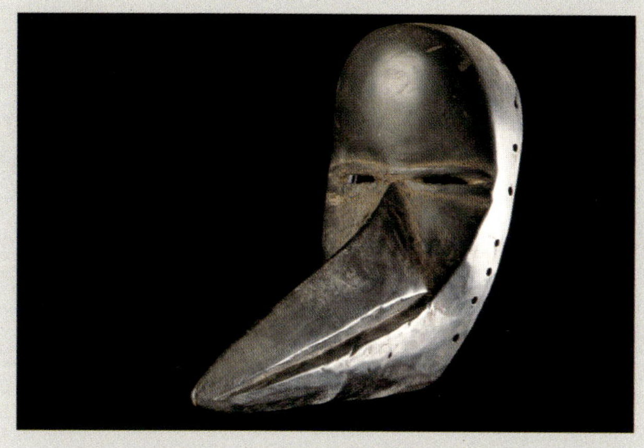

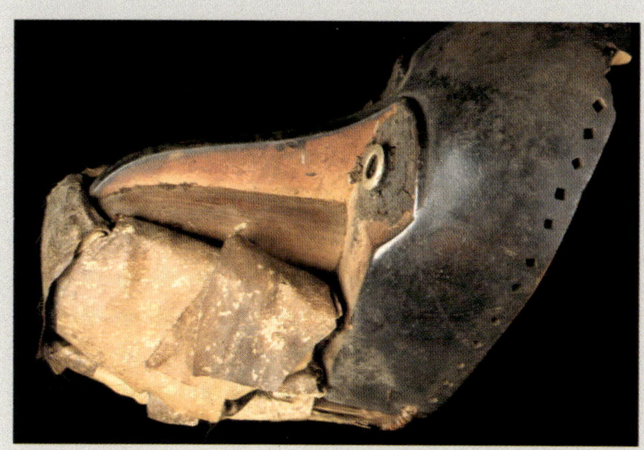

Masque de course - Masque Yacouba du Liberia.

Les masques de courses sortent pour célébrer les réjouissances, les bonnes récoltes. Ils sont utilisés, aujourd'hui, pour tous les types de danses. Le rôle de ces masques s'est perdu au fil du temps et il est davantage employé de nos jours à des fins folkloriques qu'initiatiques.

1re *époque - bois -,* collection Guenneguez.

Race *masks -* The *Yacouba mask of* Liberia.

Race masks come out for celebrations of joy, such as good harvests. They are today employed for all types of dances. The role of these masks has been lost over time, and now they are mostly used as part of folkloric and initiation customs.

1st *period - wood -* Guenneguez Collection.

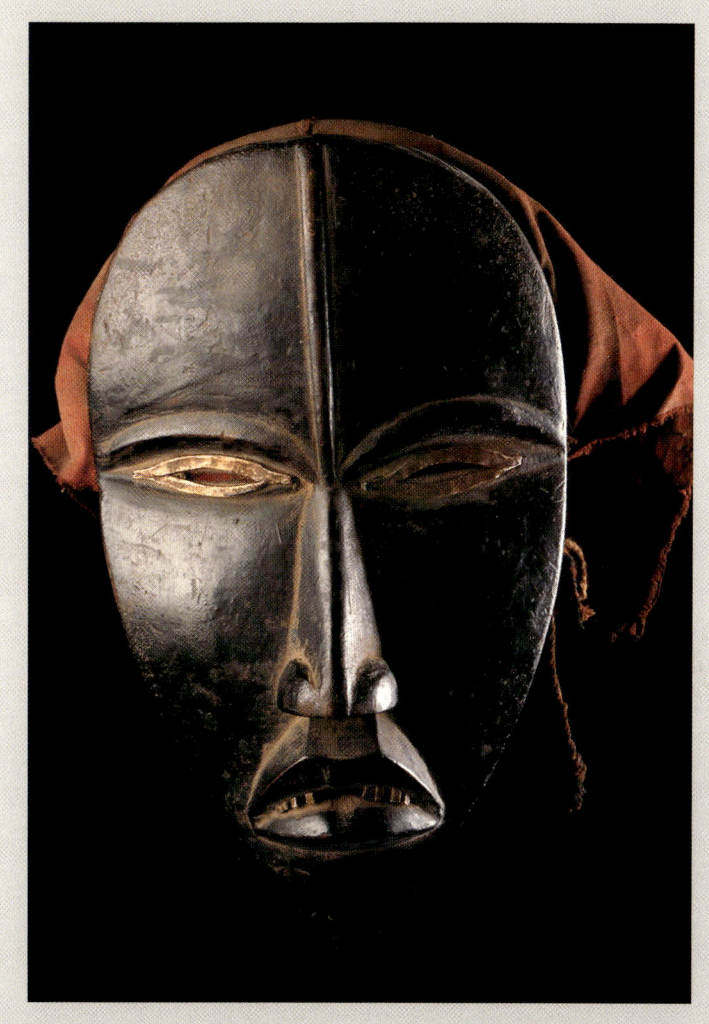

Masque Bassa du Liberia.

Étrange masque aux traits hybrides, mi-homme mi-animal, le mystère qu'il dégage le rend plus impressionnant encore. On peut imaginer qu'il est la propriété d'un roi et que l'on fait appel à ses talents dans des affaires liées à la sorcellerie.

En effet, ce masque royal danse uniquement pour faire sortir les sorciers de leur réserve et mieux les confondre afin que la justice puisse être faite dans le village.

3e époque - bois -, collection Guenneguez.

The Bassa mask of Liberia.

A strange mask with hybrid features - half man, half animal - and the air of mystery it gives off makes it even more impressive. We could easily imagine it belonging to a king and being used in matters relating to witchcraft.

Indeed, this royal mask only dances to bring the witchdoctors out of their customary reserve and be confronted so that justice may be done in the village.

3rd period - wood - Guenneguez Collection.

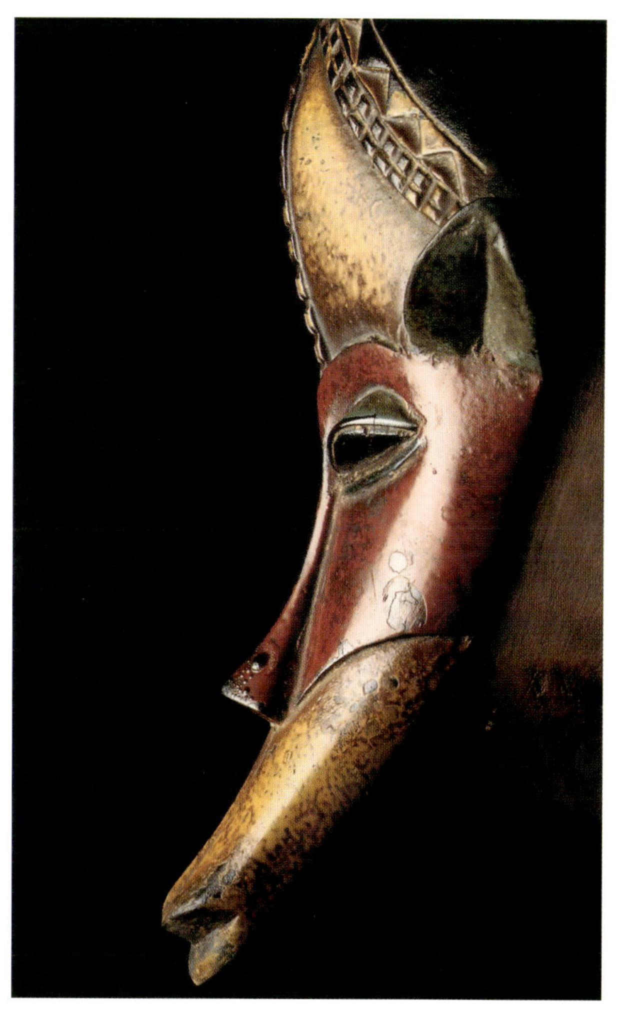

Masque méchant - Masque Guéré de la région de Giglo, Côte d'Ivoire.

Que le lecteur ne se fie surtout pas à son air paisible. Car, en effet, voici le doyen des masques et celui-ci aime particulièrement à donner du bâton. Il est le premier de la hiérarchie. On le consulte, au cours de cérémonies, afin qu'il donne son approbation à l'utilisation des autres masques. Il a mauvaise réputation car il frappe même les petits enfants et les femmes. Mais lorsqu'il danse, aucun autre masque n'a le droit de sortir.

1re *époque - bois, fibres végétales et os -, collection Gueneguez.*

The mean mask - The Guéré mask from the region of Giglo, Ivory Coast.

The reader should be beware of its peaceful look. For, indeed, it is the "grandfather" of all masks and this one particularly likes to hit with sticks. It is the first in the hierarchy. It is consulted during ceremonies to approve the use of other masks. It has a bad reputation for it strikes even little children and women. But when it dances, no other mask has the right to come out.

1st *period - wood, vegetable fibers and bone - Guenneguez Collection.*

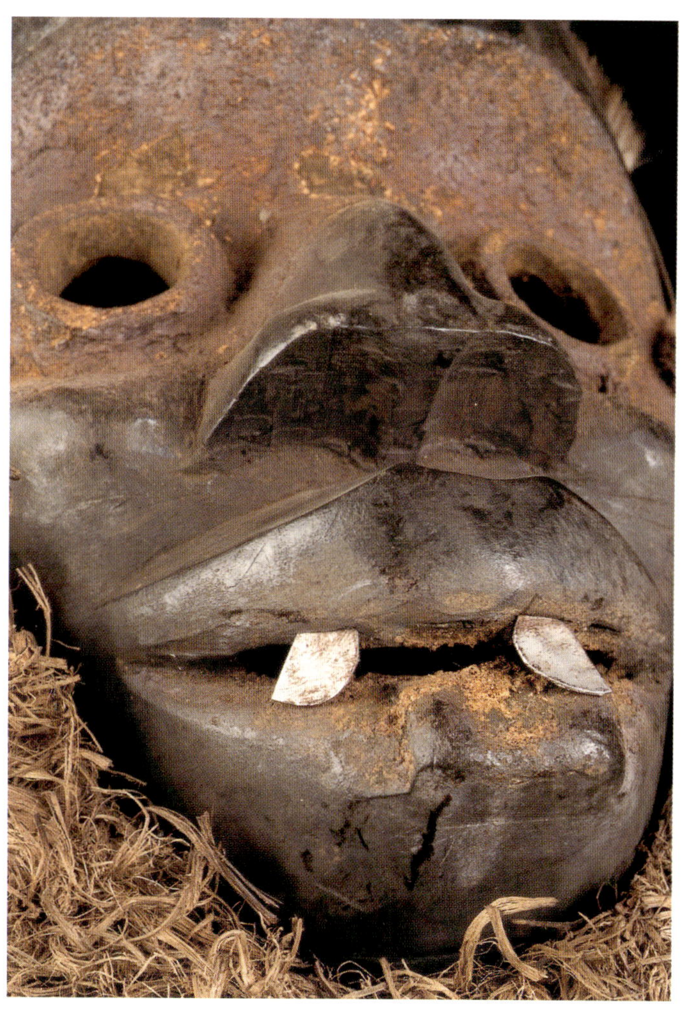

Masque pompier (*à gauche*).

Les masques pompiers sont appelés à sortir pour intervenir lorsque les mauvais esprits perturbent la tranquillité du village. Bien qu'ayant l'air de somnoler, ce masque pompier ne dort que d'un œil... car dans les régions des savanes où les feux sont les premiers dangers, il faut redoubler de vigilance. Plus prosaïquement, en période de saison sèche lorsque les vents sont violents et risquent d'embraser les toits de paille, ces pompiers veillent la nuit à ce que tous les feux soient éteints.

2e *époque - bois -, collection Guenneguez.*

Masque Bassa du Liberia (*à droite*)

Ce masque Bassa du Liberia est porté par des jeunes gens lors des cérémonies qui précèdent la circoncision, afin d'implorer la clémence des dieux pour qu'ils protègent le déroulement des festivités.

2e *époque - bois et tissu -, collection Guenneguez.*

Fireman's mask (*left*).

The fireman's masks are called upon when evil spirits disturb the tranquillity of the village. Although it appears to be dozing, this fireman's mask sleeps with one eye open... for in the regions of the savanna where brush fires are the main danger, one must be doubly vigilant. More prosaically speaking, during the dry season, when the winds are violent and might well help set thatch roofs afire, these trusty firemen stay awake all night long making sure that all the fires are out.

2nd *period - wood - Guenneguez Collection.*

The Bassa mask of Liberia (*right*).

The "Bassa" mask of Liberia is worn by young people during the ceremonies taking place before circumcision, in order to beg the gods' clemency and protection during the festivities.

2nd *period - wood and fabric - Guenneguez Collection.*

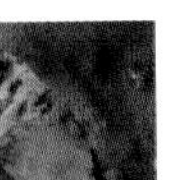

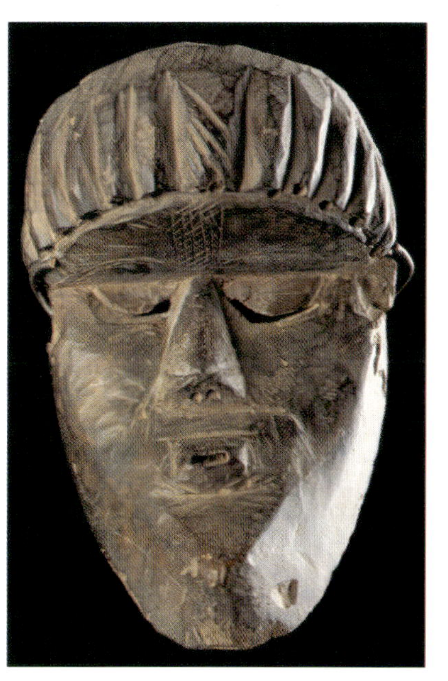

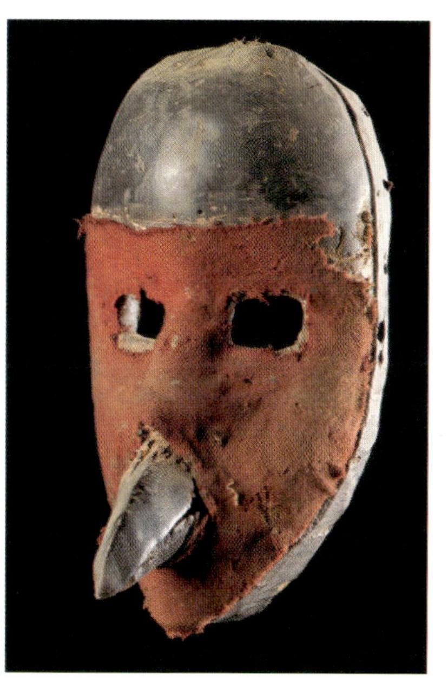

Masque maladie - Masque Bin-Houe, région de Danané, Côte d'Ivoire.

Lorsque les masques "maladie" sortent, c'est qu'il est en train de se passer quelque chose de maléfique dans le village. Le masque danse pour lancer un avertissement.

Il suffit d'admirer les courbes équilibrées et harmonieuses de cette pièce pour imaginer le rythme dans le geste du sculpteur. La sobriété dépouillée, la rondeur décalée de ses traits expriment sa puissance. Il faut se poser la question : l'art nègre et les arts primitifs n'ont-ils pas été les sources où les peintres surréalistes allaient puiser leur inspiration ?

1re *époque - bois et tissu -, collection Guenneguez.*

The mask of illness - The Bin-Houe mask from the region of Danané, Ivory Coast.

When the masks of illness come out, then there's something wrong in the village. The mask dances to send out a warning.

It is enough to admire the balanced, harmonious curves of this piece to imagine the rhythm of the sculptor's gestures. Its stark soberness and surprising roundness of its features express its power. You must ask yourself the question: aren't Negro art and the primitive arts the very sources in which the surrealist painters found their inspiration?

1st *period - wood and fabric - Guenneguez Collection.*

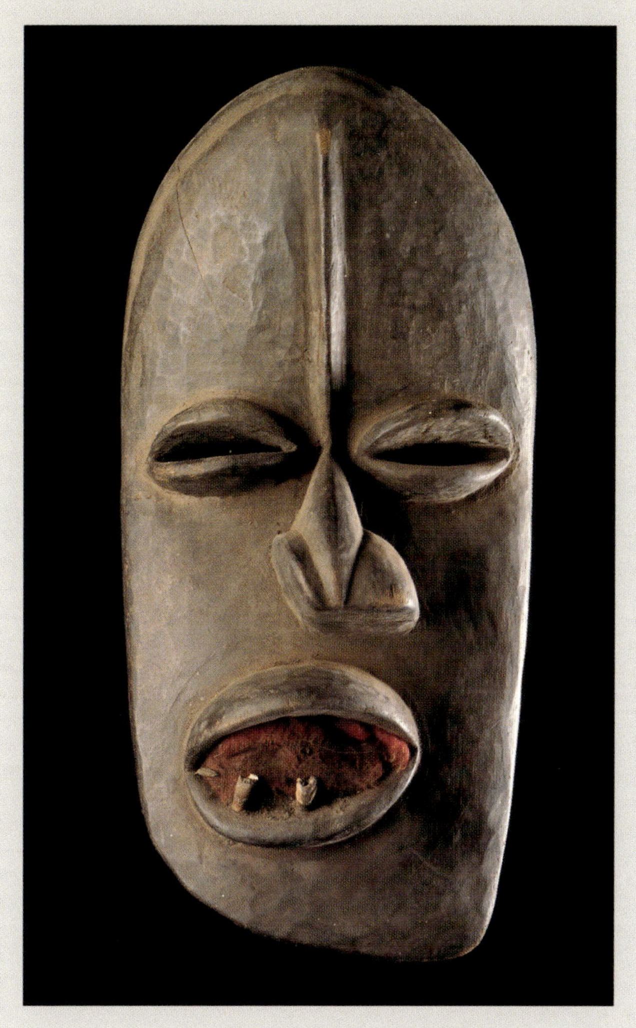

Masque *chanteur* - Masque Zou-Houin Danané, *Dan guéré*, *région de* Danané, Côte d'Ivoire.

Si l'on considère le "raffinement" de ce masque, les nombreux détails de finition, on peut aisément imaginer que l'on a affaire à une pièce majeure. Les Dan guéré utilisaient, dans la plupart des cas, des dents prélevées sur des humains afin de faire la démonstration de leurs véritables motivations... Seuls les hommes ont le droit de voir ce masque. Les femmes et les enfants sont alors contraints de rester à l'intérieur de leurs habitations. Il sort après les tenues de conseil du village, sous la demande des notables.

1re époque - bois, coquillages, fibres végétales et dents -, collection Guenneguez.

Singer's *mask* - The Zou-Houin Danané *mask*, Dan *guéré*, *region of* Danané, Ivory Coast.

If we consider the "refinement" of this mask and the polishing detail, we might easily imagine that we're dealing with a major piece. The Dan guéré people used in most cases teeth taken off humans in order to demonstrate their true motivations...

Only men have the right to see this mask. Women and children must remain inside their huts. The mask is taken out after village council meetings upon the request of the elders.

1st period - wood, shells, vegetable fiber and teeth - Guenneguez Collection.

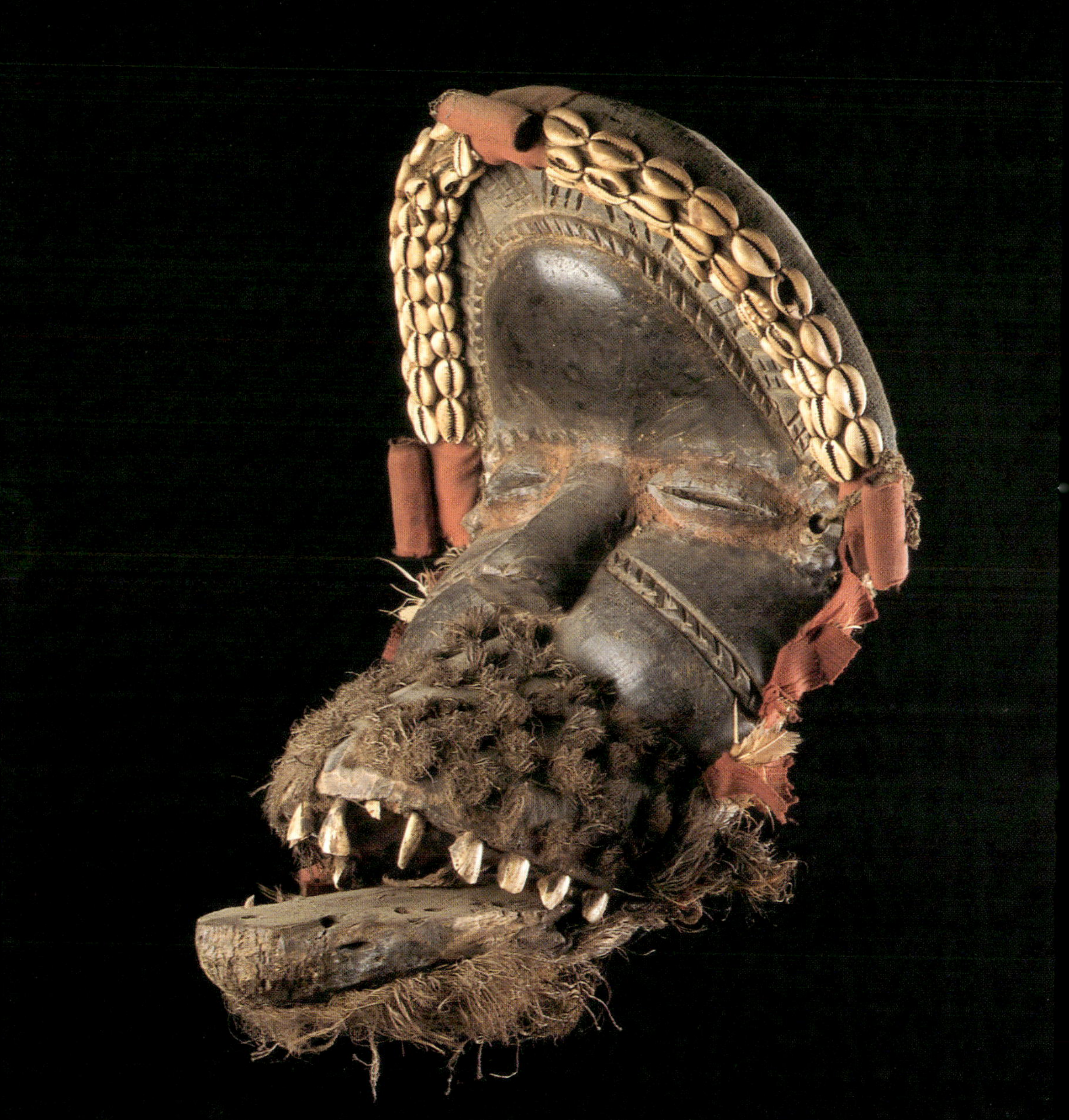

Masque coma - Masque Diomandé de la région de Touba, Côte d'Ivoire

Il accompagne les danseurs de "coma". Au cours de cette cérémonie, l'assassin est démasqué, le meurtrier, celui qui tentait de nuire à la sécurité d'autrui. La présence de ce long nez que l'on peut confondre avec un bec authentifie sa provenance. En effet, les masques Touba ont tous les mêmes caractéristiques. L'anecdote se veut pertinente : ils doivent l'originalité de leur port à un complexe d'infériorité Diomandé vis-à-vis d'une ethnie voisine : les Yacouba. Cela explique que les Diomandé les portent sur la tête de manière à paraître aussi grands, voire plus grands que leurs frères Yacouba.

4e époque - bois et fibres végétales -, collection Sartori.

The Coma mask - The Diomandé mask from the region of Touba, Ivory Coast.

It accompanies the "coma" dancers. During this ceremony, the murderer is unmasked, he who tried to threaten another's safety.

Its long nose, that can be confused with a beak, authenticates is origin. Indeed, the Touba masks share the same characteristics.

They are worn to compensate for a Diomandé inferiority complex with regard to a neighboring ethnic group; the Yacoubas. This explains why the Diomandés wear them on their heads so as to appear bigger - just as big as their Yacouba brothers.

4th generation - wood and vegetable fiber - Sartori Collection.

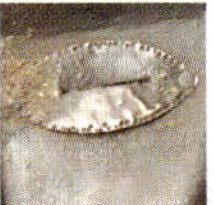

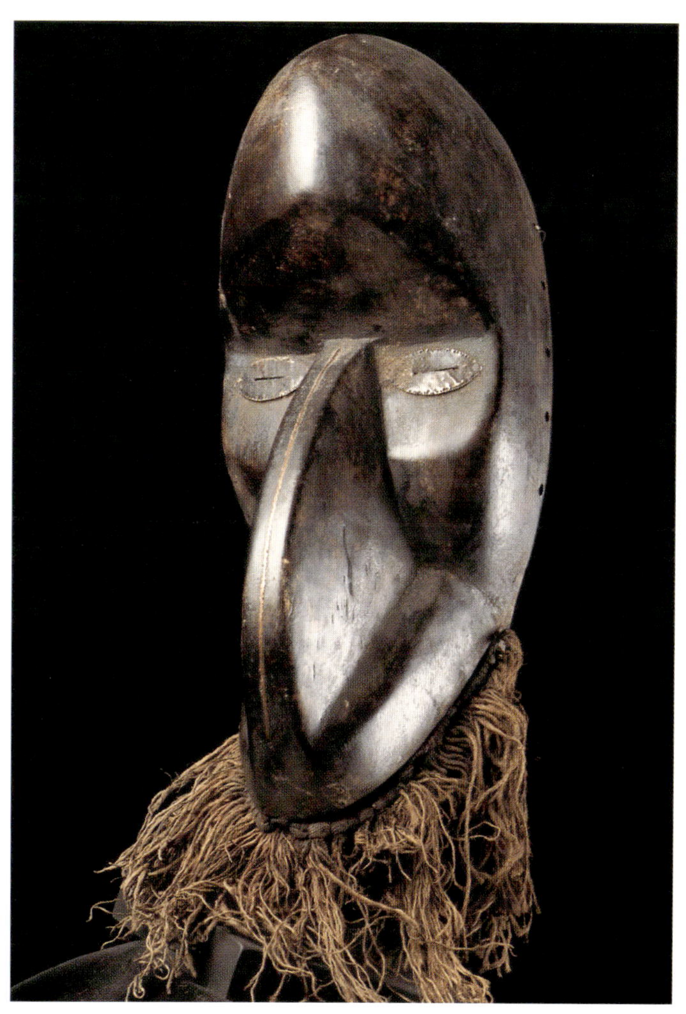

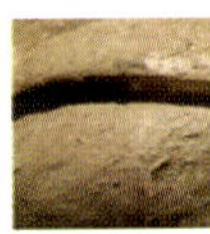

Masque de course - Masque royal Guéré, région de Guiglo, Côte d'Ivoire.

C'est pendant les cérémonies de succession du trône que l'on fait danser ce masque. On le laissera, pendant une courte durée, au successeur du roi défunt.

La patine des masques de course de ce groupe était composée d'un mélange de huile de parinari, de kaolin et de noir de fumée. Le ponçage se faisait à l'aide d'une feuille d'arbuste dont la rugosité était équivalente à celle des papiers de verre.

1re *époque - bois -, collection Guenneguez.*

Race mask - The royal Guéré mask, region of Guiglo, Ivory Coast.

This mask is danced during throne succession ceremonies. It is left, for a short period, with the successor to the departed king.

The patina of the race mask of this group was composed of a mixture of parinari and kaolin oil, to which was added lampblack. Sanding was accomplished by the use of a bush leaf as rough as sandpaper.

1st *period - wood - Guenneguez Collection.*

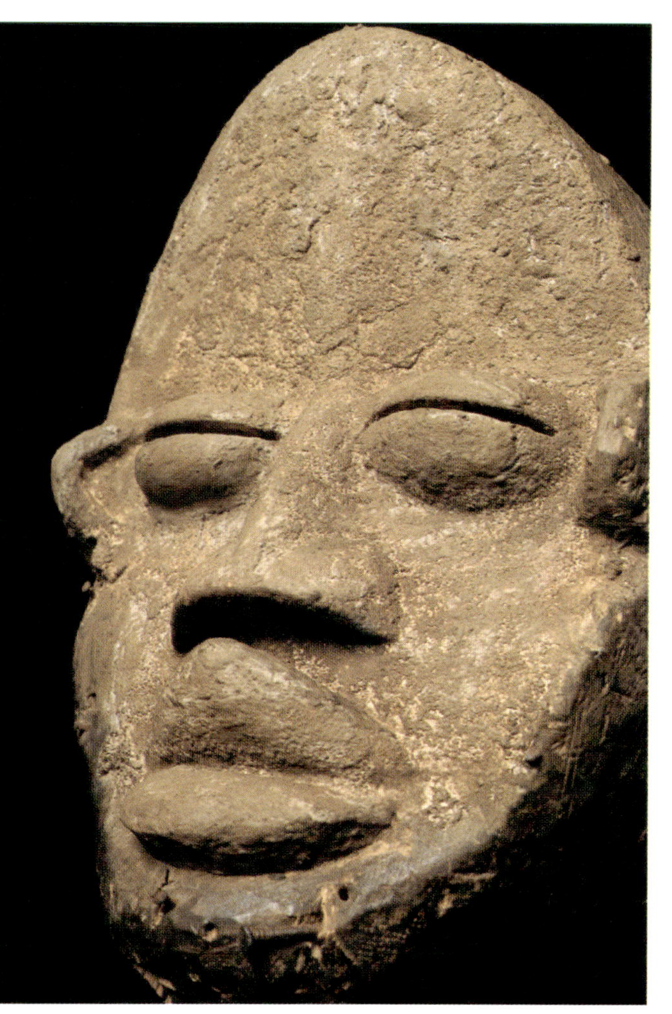

Masque Coma - *Région de* Farana, Guinée.

Lorsque dans un village il est constaté une étrange succession de problèmes, voire quelques décès, il faut penser à la sorcellerie. C'est alors que l'on fait sortir ce masque qui a la particularité singulière d'être porté sur le dos. Celui-ci est particulièrement craint car c'est dans la poche en tissu au centre du masque que sont installés les fétiches, instruments de sa puissance. Sa ressemblance avec un animal est un leurre car cette pièce est fondamentalement abstraite.

1re *époque – bois et tissu –, collection* Guenneguez.

The *Coma mask* - Region *of* Farana, Guinea.

When the villagers witness a strange series of problems, even several deaths, it might be due to witchcraft. They then take out this mask which has the singular particularity of being worn on the back. This mask is especially feared for it is in the cloth pocket in its center that are put the fetishes - instruments of its power. Its resemblance with an animal is purely illusory, for this piece is fundamentally abstract.

1st *period - wood and fabric -* Guenneguez Collection.

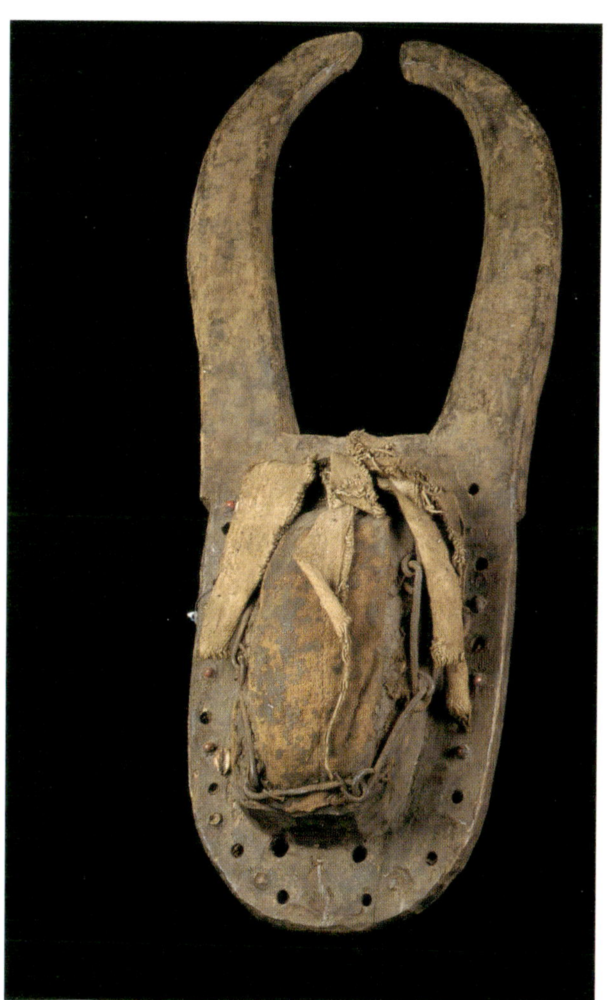

Masque Coma - *Masque Diomandé, région de Touba, Côte d'Ivoire.*

Y aurait-il une frontière commune entre l'allégorie des masques vénitiens et le caractère mystique des masques animistes ? Certainement aucune ! Mais, ci-contre, ce masque est comme un visage, une seconde peau, noire comme l'ébène et lustrée comme le sont les objets rares et précieux.

Singulière beauté que celle de ce masque dont la fonction et de pourchasser les sorciers et d'obtenir leur confession. L'austérité de son visage est rehaussée par une coiffe de plumes et de fibres de raphia.

Il est porté sur le visage et le corps du porteur est totalement recouvert par les fibres végétales.

2ᵉ *époque - bois, fibres végétales et plumes - collection Guenneguez.*

The Toma Mask - *The Diomandé mask, region of Touba, Ivory Coast.*

Could there be a connection between the allegory of the Venetian mask and the mystical character of animist masks? Certainly not! But this mask is like a face, like a second skin, black as ebony and polished like rare, precious objects. This singularly beautiful mask's role is to chase after the witchdoctors and get them to confess. The austerity of its face is heightened by a headdress of feathers and raffia fibers.

2nd *period - wood, vegetable fiber and feathers - Guenneguez Collection.*

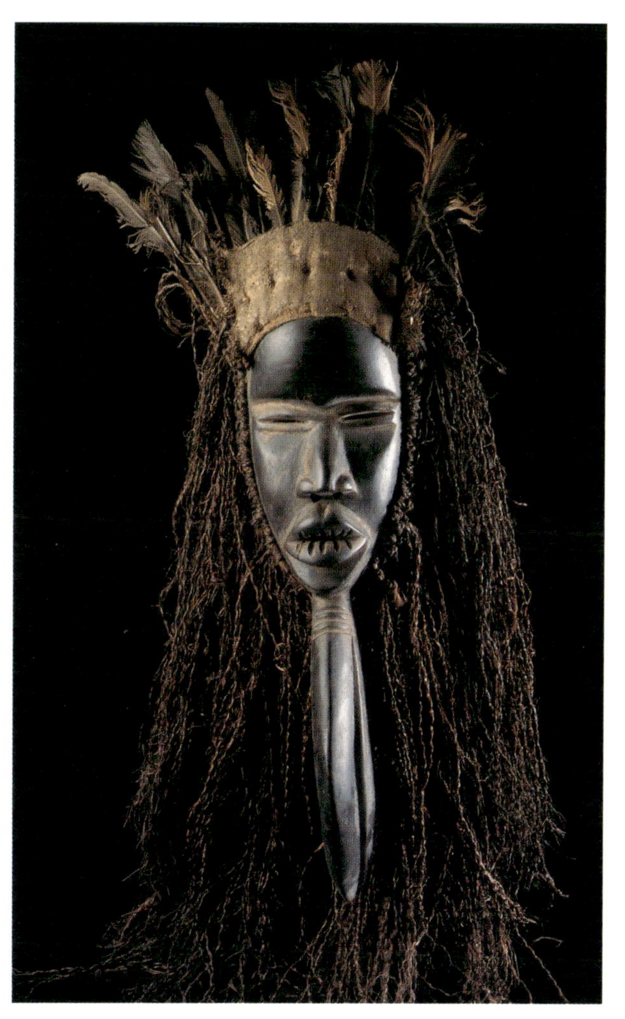

Masque chanteur - Masque royal Dan guéré, région de Diokoué, Côte d'Ivoire.

Il sort pour rassembler le village sur la place publique afin d'écouter les nouvelles que doit annoncer le roi. La pureté de cette pièce fait penser à celle des masques archaïques. Son expression est presque anecdotique, son style épuré ne semble s'accommoder d'aucune surcharge et souligne la rigueur de sa fonction.

1re *époque - bois -*, collection La Rose d'Ivoire.

The Singer's Mask - The royal Dan-Guéré mask, region of Diokoué, Ivory Coast.

This mask comes out to gather the villagers in the public square to listen to news announced by the king. The purity of this piece reminds us of that of archaic masks. Its expression is almost anecdotal, its purified style authorizes no excess and stresses the rigor of its use.

1st *period - wood -* La Rose d'Ivoire Collection.

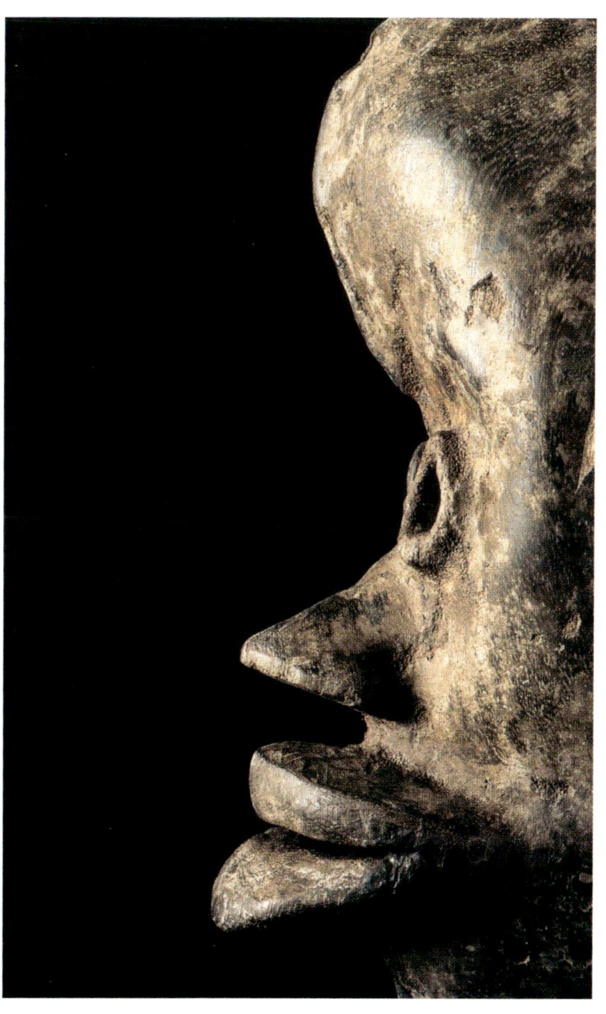

Masques mendiants (*gauche et droite*) - **Masques Guéré**, *région de* **Bengolo, Côte d'Ivoire.**

Ceux-ci ont le rôle de bouffons, d'amuseurs publics. Bien *qu'originaires de la même région, ces deux masques présentent des différences importantes si l'on en juge par la coiffure et la barbe, par exemple, de celui de droite...*

Au *demeurant, ils remplissent la même fonction.* Ils *sortent et dansent dans les cérémonies qui succèdent aux décès pour demander les "sacrifices" aux villageois.*

3e *époque - bois, fibres végétales et tissu -, collection* La Rose d'Ivoire.

Beggar's mask (*left and right*) - **The Guéré masks**, *region of* **Bengolo, Ivory Coast.**

These play the role of clowns to amuse the public. Although *from the same region, these two masks show importance differences, if we're to judge by the hair and beard, for example, of the one to the right...*

Moreover, *they fulfill the same function.* They *come out and dance during the ceremonies that follow deaths to ask the villagers for "sacrifices".*

3rd *period - wood, vegetable fiber and cloth -* La Rose d'Ivoire Collection.

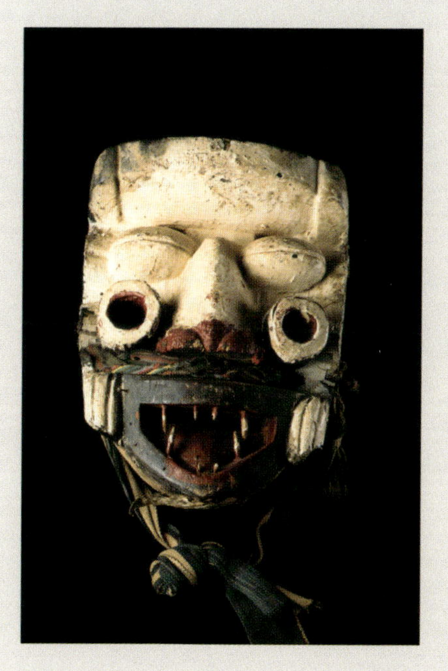

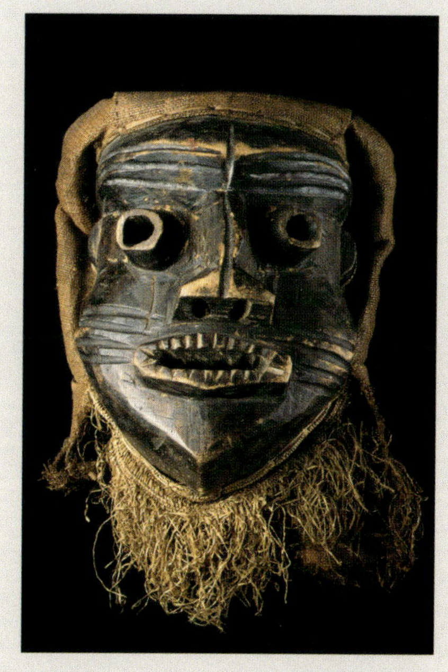

Masque Coma (*gauche et droite*) - Région de Touba, Côte d'Ivoire.

Ces masques de cérémonie sont portés sur la tête.
Un habit de lumières pour ces pièces tout droit sorties d'un autre monde. Offertes au regard du photographe, leur puissance transcende leur beauté. On en oublie un peu plus la fonction liturgique de ces pièces que l'on fait sortir pour combattre la sorcellerie.

1re *époque - bois -, collection Guenneguez.*

The Coma masks (left and right) - Region of Touba, Ivory Coast.

These ceremonial masks are worn on the head.
A gown of light for these pieces straight from another world. Offered up to the photographer's gaze, their power transcends their beauty. And we tend to forget the liturgical function of these pieces that come out to combat witchcraft.

1st *period - wood - Guenneguez Collection.*

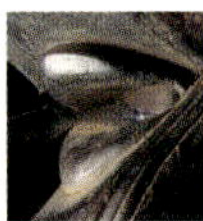

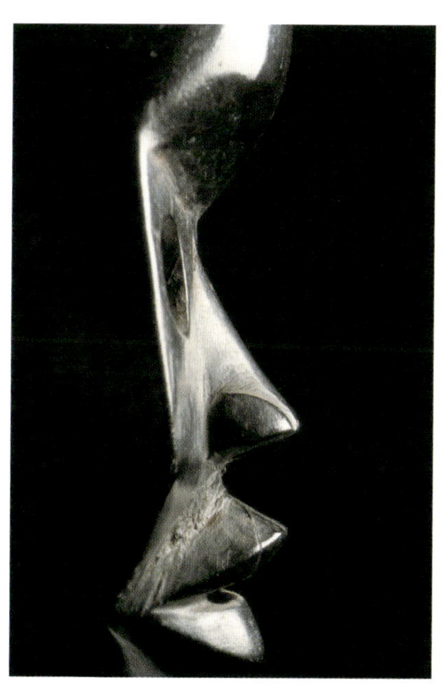

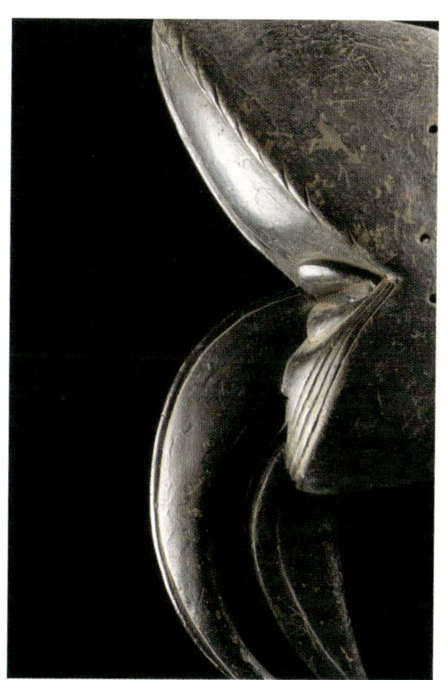

Masque Gouro - Région de Bouaflé, Côte d'Ivoire.

Ce masque est en bois blanc. Finement sculpté et décoré, il semble prêt à entrer dans son rôle. Il porte aussi le nom de "masque blanc". De façon générale, ces masques sont ceux de la paix, de la sagesse et ont la réputation d'être bons. Celui-ci sort au cours des cérémonies pour être le traducteur du roi et annoncer les nouvelles.

4e *époque - bois et coquillages -,* collection La Rose d'Ivoire.

The Gouro mask - Region of Bouaflé, Ivory Coast.

This mask is made of white wood. Finely sculptured and decorated, it seems ready to enter into its role. It also bears the name of "white mask". Generally, these are masks of peace and wisdom, and have the reputation of being good. They are used during ceremonies as the translator of the king to make announcements.

4th *period - wood and shells -* La Rose d'Ivoire Collection.

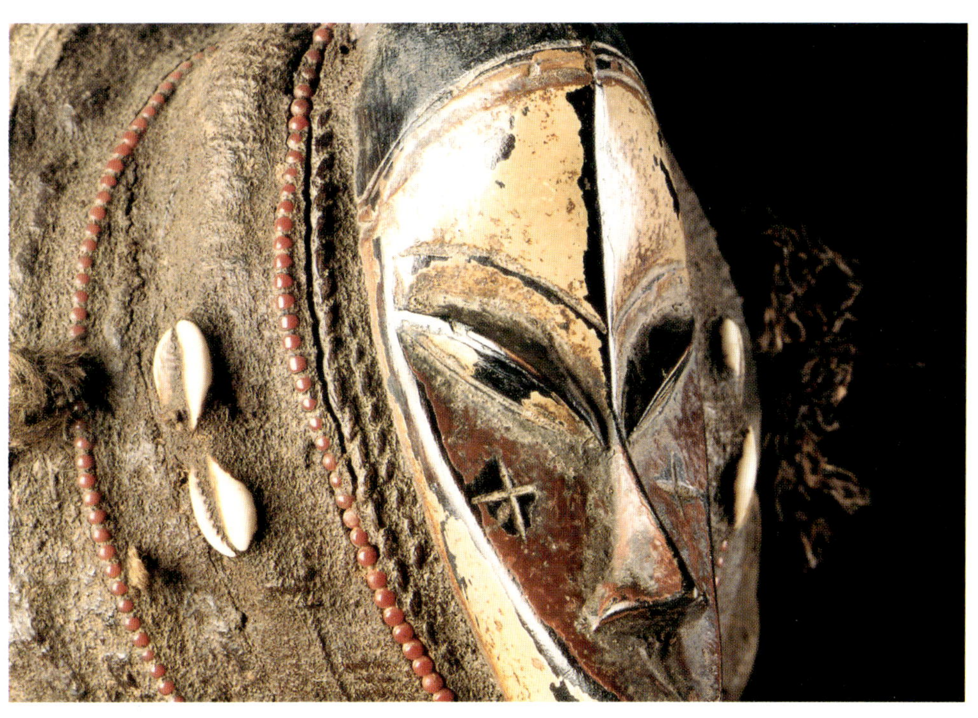

Masque de la danse des générations - Masque Gouro, région de Bouaflé, Côte d'Ivoire.

Ce masque danse pour célébrer la fête des générations. Les cérémonies auxquelles il préside sont réservées exclusivement aux femmes. La présence sur le sommet du masque d'une allégorie féminine donnant le sein à un petit enfant souligne sa complicité avec les masques "supporters".

La vie incarnée par la femme et son nouveau-né traduit le symbole de la fête des générations. En s'attardant sur les détails du visage, on remarque la finition de ce masque et la présence de scarifications ethniques.

3e *génération - bois -, collection* La Rose d'Ivoire.

Mask of the dance of generations -The Gouro mask, region of Bouaflé, Ivory Coast.

This mask dances to celebrate the feast of generations. The ceremonies over which it presides are reserved exclusively to women. The presence on the top of the mask of a female allegory giving her breast to a babe underlines its complicity with the "supporter" masks. The life incarnated by the women and her baby translates the symbol of the feast of generations. With regard to facial details, note the finish of this mask and the presence of ethnic scarifications.

3rd *generation - wood -* La Rose d'Ivoire Collection.

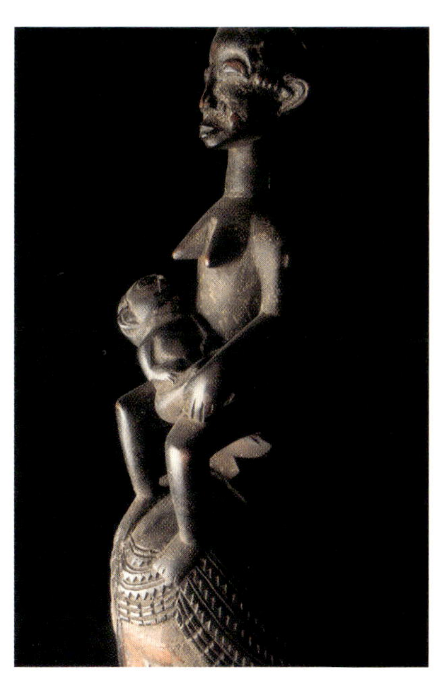

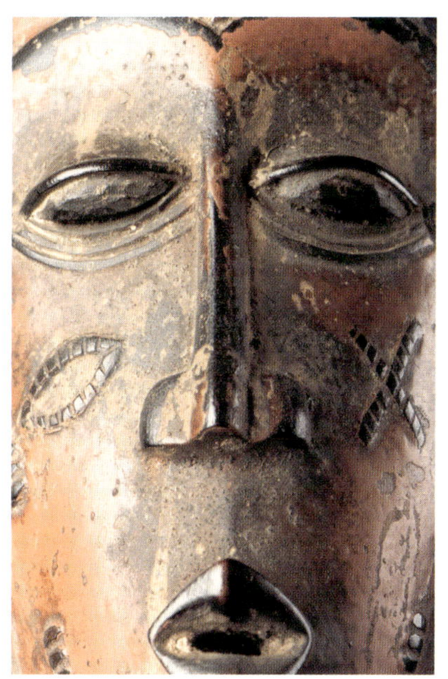

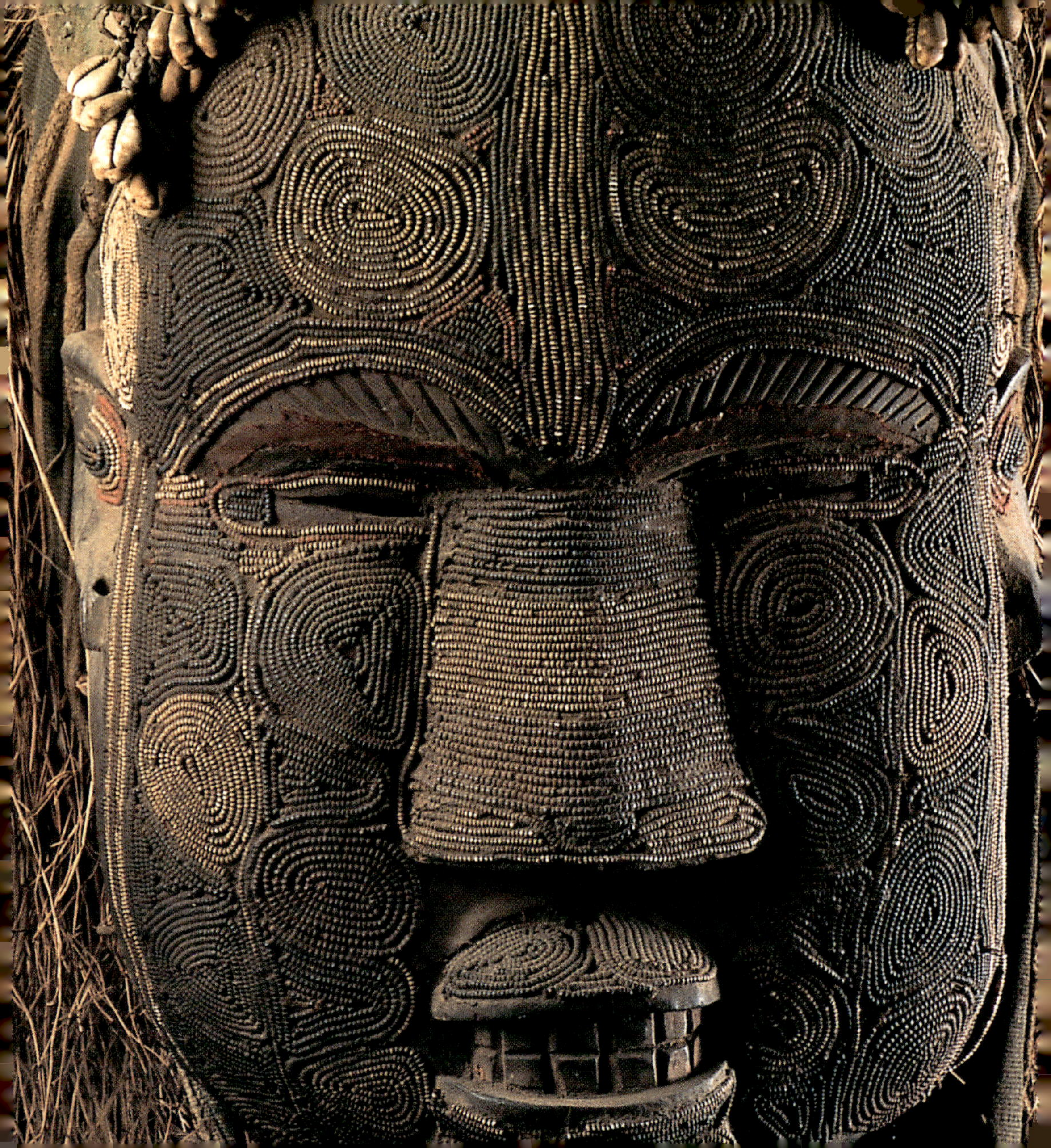

Le groupe des masques d'Afrique centrale :

Le matériau principalement utilisé, dans ces régions, est le bois. Cependant, bien que son usage soit moins vulgarisé, la pierre est également utilisé principalement dans les régions de Guinée, Sierra-Leone *et* Nigeria. *L'ivoire est aussi utilisé comme, par exemple, au* Congo. *Il existe aussi des masques en bronze ou en or.*

Les masques de la région du centre sont l'incarnation du pouvoir temporel et spirituel.

Le roi est l'incarnation d'un sytème de valeurs et de traditions dont les masques sont les interprètes. Mais *leur système est souvent régi par les sociétés secrètes.*

The Central African mask group:

The main material used for mask making in these regions is wood. However, *despite the fact that its employment is less common, stone is equally called upon, in particular in the regions of* Guinea, Sierra-Leone *et* Nigeria. *Ivory is also employed, for example, in the* Congo. *Masks made of bronze and gold can equally be found.*

The masks of the central region represent the incarnation of temporal and spiritual power.

The king is the incarnation of a system of values and traditions of which the masks are the spokesmen. But their system is often governed by secret societies.

Masque Roi - *Masque royal* Bamoun, Cameroun.

Le dénominateur commun des masques de cette région d'Afrique est la circonférence du visage et des joues.

Ce masque sort lorsqu'un roi Bamoun *vient de décéder. On le fait sortir et le successeur du défunt le portera pour le faire danser.*

1re *époque - bois -, collection* Guenneguez.

The King's *mask* - The *royal* Bamoun *mask*, Cameroon.

The common denominator of the masks of this region of Africa *is lies in the circumference of the face and cheeks.*

This mask comes out when a Bamoun *king dies and his successor wears it to make it dance.*

1st *period - wood -* Guenneguez Collection.

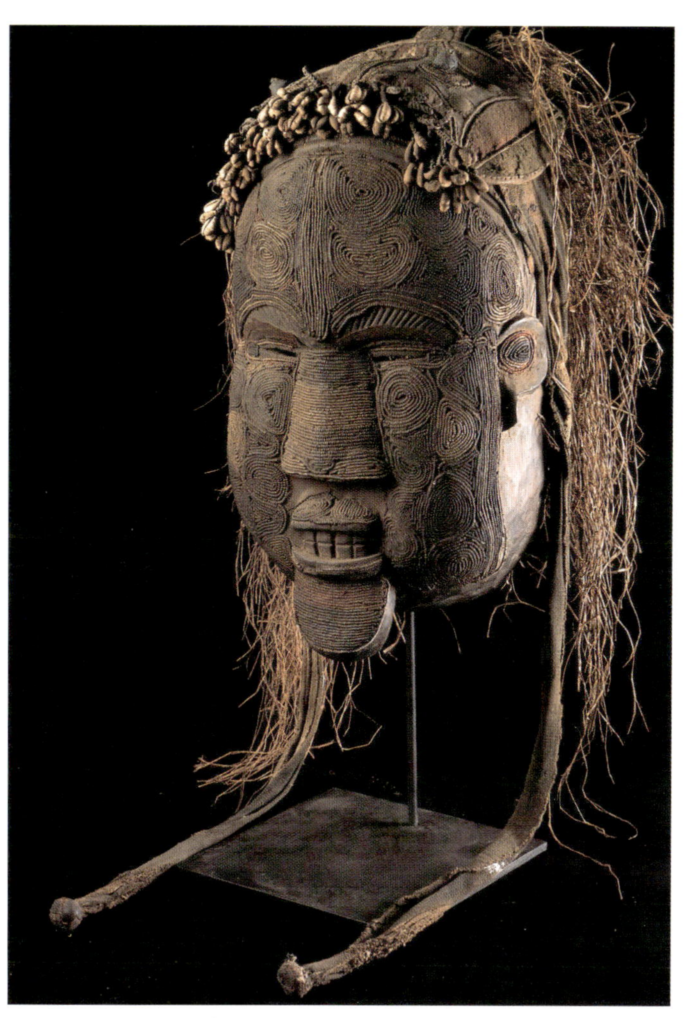

Masque Kifwebe - Masque des Songye, République démocratique du Congo (ancien Zaïre).

Habile travail du sculpteur lorsque, semble-t-il, le geste est "animé" par le souffle divin. Ses rainures en relief : des sillons comme pour y attirer la lumière, ses yeux mi-clos qui ne paraissent rien vouloir voir. Ce masque très bonhomme appartient au village qui le fait appeler pour être distrait. Les femmes et les enfants sont autorisés à le voir danser.

3e époque – bois –, collection Guenneguez.

The Kifwebe mask - The Songye masks, Democratic Republic of the Congo (ex-Zaire).

Skillful craftsmanship on the part of the sculptor, when, so it would seem, the gesture is "animated" by the Divine Breath. Its grooves in relief - like furrows to attract light - its eyes half shut appear to no longer wish to see.

This very friendly looking mask belongs to the village who calls upon it for entertainment. Women and children are permitted to see it dance.

3rd period - wood - Guenneguez Collection.

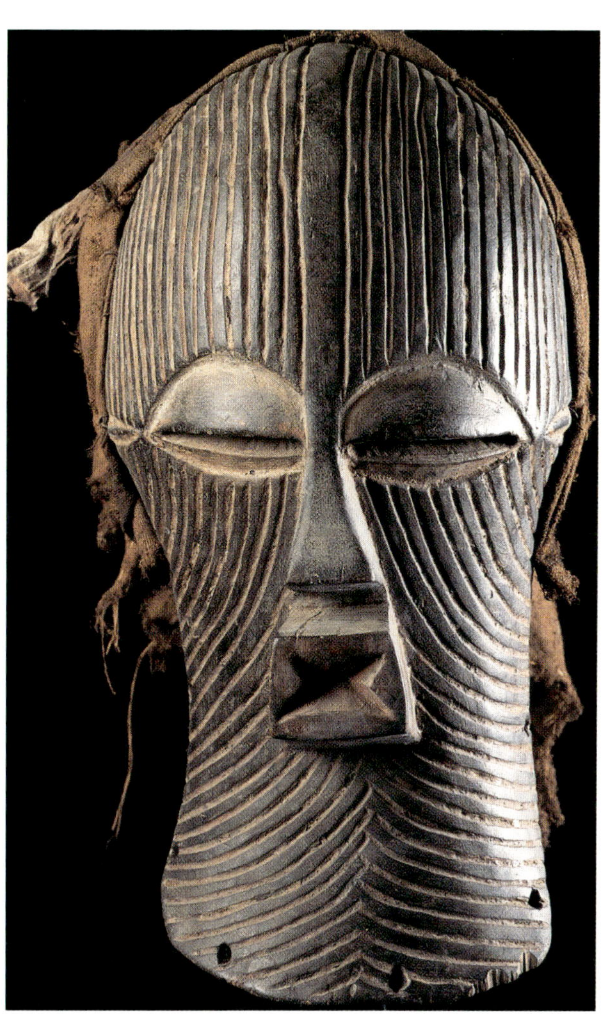

Masque Kifwebe - Masque des Songye, République démocratique du Congo (ancien Zaïre).

Rencontre avec les ombres et la lumière... Lorsque l'esprit sommeille et s'égare, la lumière devient complice de la matière.

3e époque - bois -, collection Guenneguez.

The Kifwebe mask - The Songye masks, Democratic Republic of the Congo (ex-Zaire).

Encounter with light and shadow... When the spirit falls asleep and wanders, light joins hands with matter.

3rd period - wood - Guenneguez Collection.

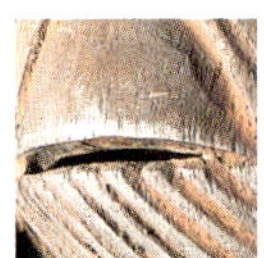

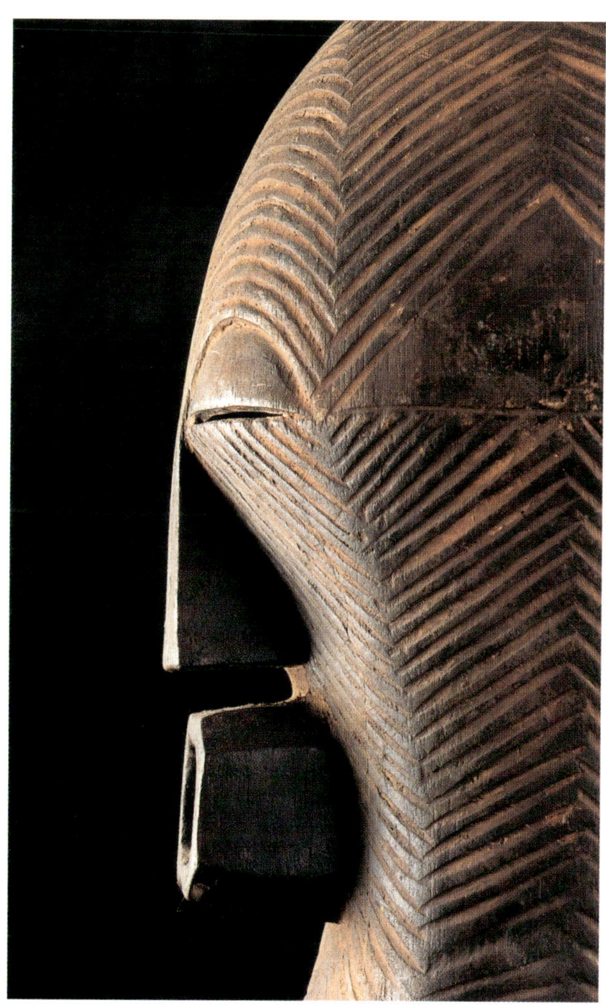

Masque de course - Masque Tshokwe, région Angola, République démocratique du Congo (ancien Zaïre).

Ce masque est le messager qui annonce les nouvelles. Aucun autre masque n'est autorisé à sortir s'ils n'obtiennent son accord. Incontestablement, il s'agit là d'un chef : le port est royal, la chevelure abondante. Des signes comme des scarifications sanctifient sa noblesse.

4e époque - bois et fibres végétales -, collection La Rose d'Ivoire.

Race mask - The Tshokwe mask, region of Angola, Democratic Republic of the Congo (ex-Zaire).

This mask is a messenger who announces the news. No other mask is authorized to come out without its approval. Incontestably, it must be a chief with its regal bearing and flowing hair. Signs, like scarifications, sanctify his nobility.

4th period - wood and vegetable fiber - Collection La Rose d'Ivoire.

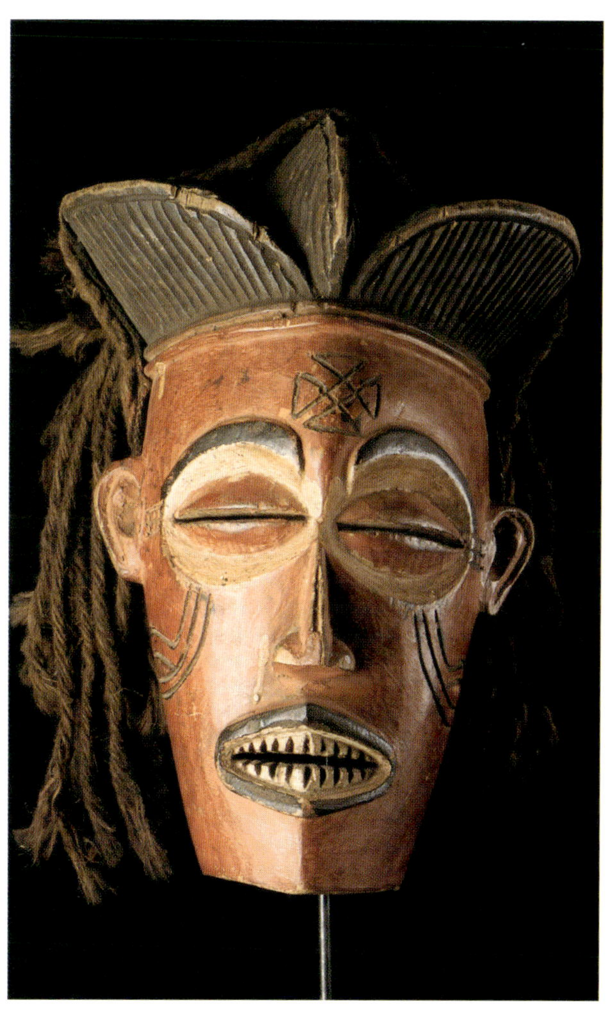

Masque royal - Masque des Ibo, région du WaWa, Nigeria.

Il aurait pu s'agir de la tête d'un colon ou d'une statue. Le propos était-il de surprendre ? Ce masque "casque" est porté sur la tête comme on le ferait d'un chapeau ou d'une couronne.

Il demeure au sein de la maison sacrée. Ses sorties sont extrêmement rares car il ne se manifeste que pour annoncer le décés d'un chef Ibo.

1re *époque - bois -, collection Guenneguez.*

The royal masks - The Ibo masks, region of the WaWa, Nigeria.

It might have been the head of a colonist or a statue. Was its purpose to surprise? This "helmet" mask is worn on the head like a hat or crown.

It is kept inside the sacred house. It comes out very rarely for it manifests itself solely to announce the passing of an Ibo chief.

1st *period - wood - Guenneguez Collection.*

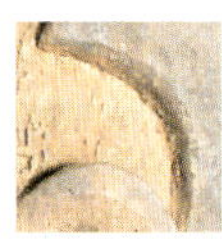

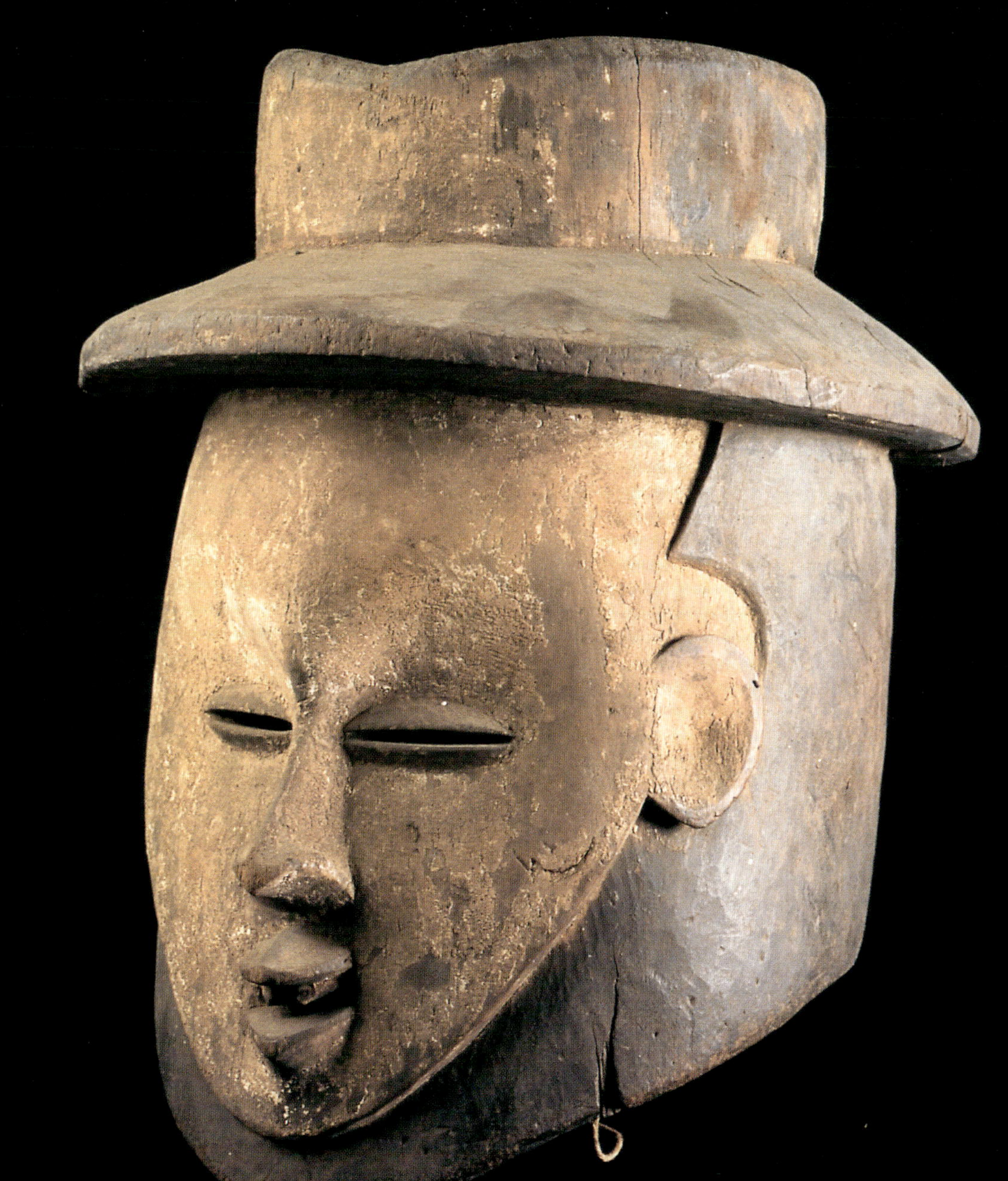

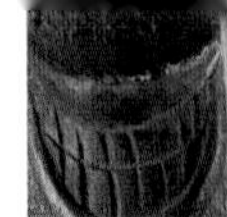

Masque de danse - ***Masque de danse traditionnelle, région d'Afrique centrale, Congo.***

C'est un masque de danse qui apporte des protections. On n'en doute pas, si l'on se fie à l'expression affable qui se dégage de cette pièce, jusqu'au sourire qui dévoile des dents bien alignées…

1re *époque - bois -*, collection La Rose d'Ivoire.

64

Dance mask - ***Traditional dance mask, region of Central Africa, Congo.***

This is a dance mask that brings protection, although one might not think so from the friendly expression on this piece's face, right down to its smiling, lined up teeth…

1st *period - wood* - La Rose d'Ivoire Collection.

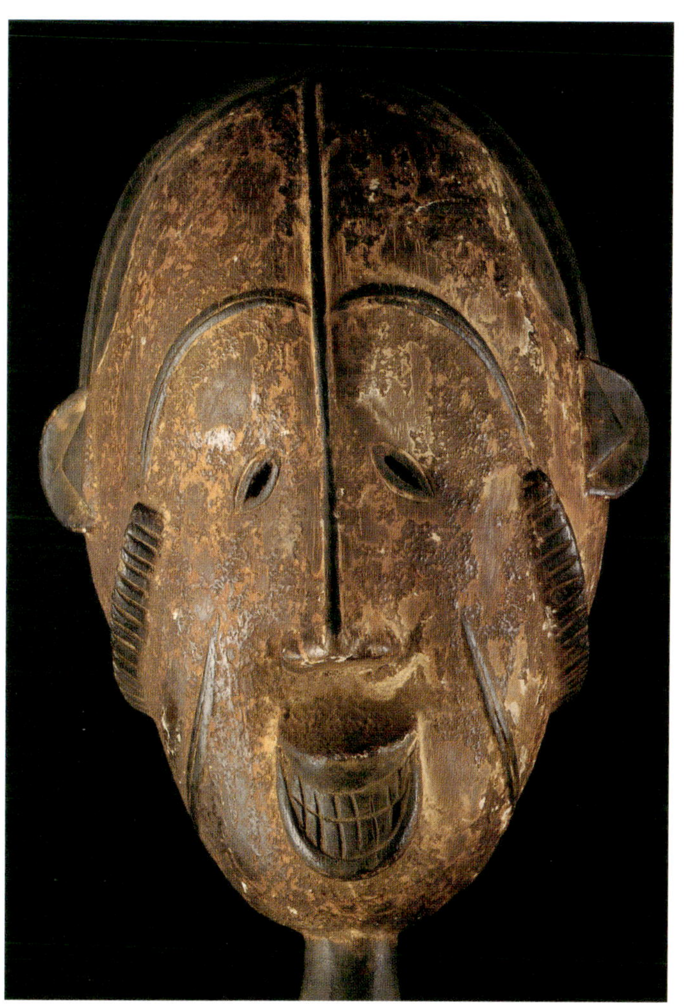

Masque *chapeau* - *Masque* Eket, Nigeria.

On l'imagine aisément posé sur la tête du danseur. Fier, arrogant et hâbleur, c'est l'un des maîtres de la cérémonie lorsque résonnent, aux sons des tam-tam, les battements de mains des foules.

3e *époque - bois et nattes en fibres végétales* -, collection Guenneguez.

The *hat mask* - The Eket *mask*, Nigeria.

One can easily imagine it on the dancer's head. Proud, *arrogant and boastful, it's one of the masters of ceremony when tam-tams and hand-clapping ring out.*

3rd *period - wood and vegetable fiber plaits* - Guenneguez Collection.

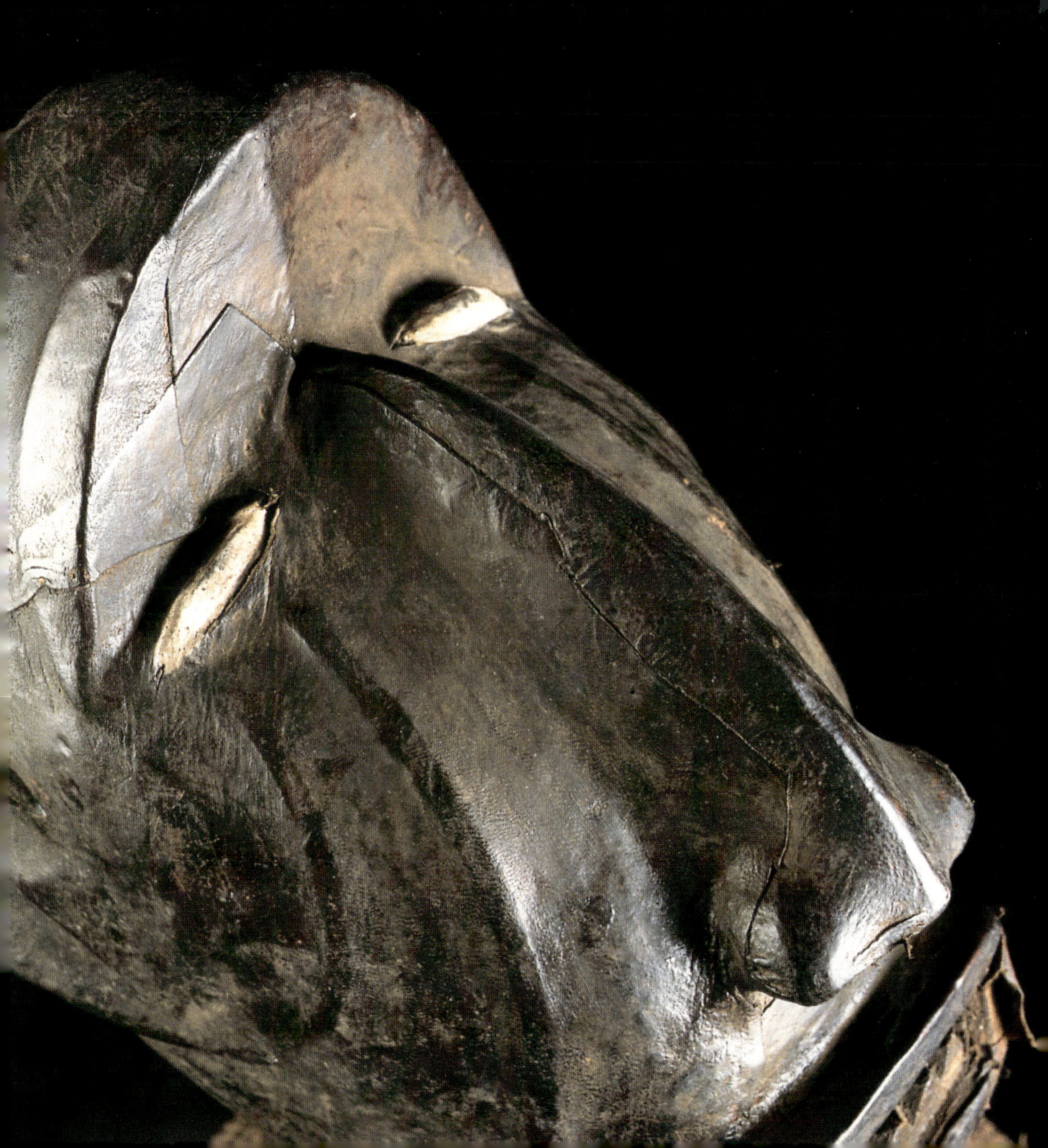

Masque chat - Masque Toma, Guinée.

Un chat fétiche, un chat dépourvu de moustache, taillé dans un seul morceau de bois, sculpté pour être adoré, que reste-t-il du lien avec l'ancienne Égypte? L'esprit d'un chat sacré enfin réhabilité ?
Plus prosaïquement, cette pièce est un masque fétiche. Il demeure dans la case pour y être adoré afin de protéger la famille et exaucer ses vœux.

1re *époque - bois -, collection* La Rose d'Ivoire.

The cat mask - The Toma mask, Guinea.

A fetish cat, a cat without its whiskers, carved out of a single piece of wood, sculpted to be worshipped - what now remains of its tie with ancient Egypt? The honor of a sacred cat's spirit at last restored? More prosaically, this piece is a fetish mask. It remains inside the hut to be worshipped in order to protect the family and grant wishes.

1st *period - wood -* La Rose d'Ivoire Collection.

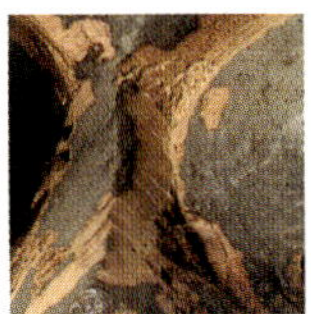

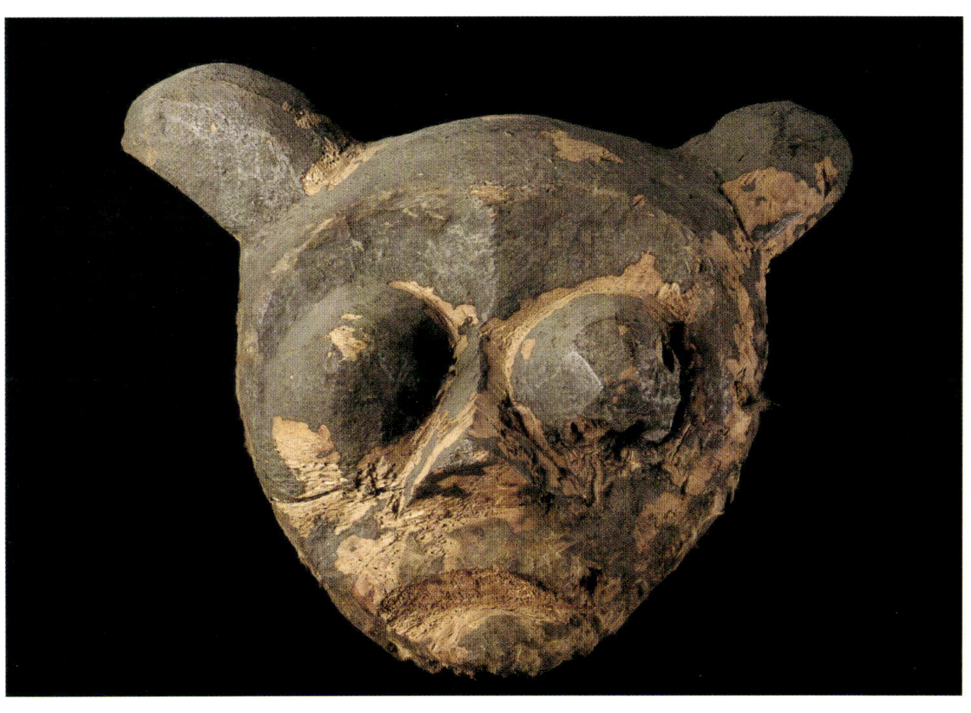

Les Grandes Époques des Masques

Il est un fait connu : l'art africain des pays du centre du continent est davantage reconnu que celui des pays de l'ouest. Force est de constater que dans les nombreux catalogues qui ont le mérite de recenser et de présenter des objets expertisées, on "oublie" souvent les pièces plus récentes, mais qui n'en demeurent pas moins authentiques. En effet, elles ont pris quelquefois la place de certaines autres plus endommagées ou qui ont tout simplement disparu. Mais le seul critère de l'âge pour juger de la valeur d'un masque n'est pas la seule règle qui prévale à l'expertise.
Par ailleurs, le nombre de pièces datant de la "première époque", c'est-à-dire antérieures à la Première Guerre mondiale, est au demeurant fort limité. La grande

The principal mask periods

It is well known that Central African art is better recognized than the art of the west countries. It has often been observed that numerous catalogues, though having the merit of inventorying and presenting expert-appraised objects, tend to "forget" the most recent pieces. Indeed, they have sometimes taken the place of others that have been damaged or simply lost. But, the criterion of age to judge the value of a mask should not the only factor to come into play when making an appraisal. Furthermore, the number of pieces dating from the "first period", that is to say, prior to the World War I, is incidentally quite limited. The vast majority of works of art from this period have - for the most part those which have left the continent - that have reappeared have done so behind the display windows or

majorité des objets d'art de cette époque qui ont, pour la plupart d'entre eux, quitté le continent, font de la figuration derrière les vitrines des musées où encore, circulent de façon discrète dans un marché très confidentiel réservé à quelques "initiés": des collectionneurs ou des professionnels. Mais il faut aussi compter avec la dégradation naturelle du bois, matériau dont sont faits la majorité des masques, ou celle des parasites pour expliquer que de nombreuses pièces ont disparu.

Si l'on voulait effectuer un classement chronologique de l'histoire de l'art animiste en Afrique et de ses masques, on pourrait résumer cette approche en quatre grandes époques.

museums, or discreetly passed from hand to hand in a highly confidential market, reserved to a handful of the initiated: collectors or professionals. The disappearance of many a work can also be attributed both to the natural degradation of wood, being the material used for most masks, and irreparable damage caused by parasites.

If we can establish a chronological history of animist art in Africa and its masks, we may break it down into four major periods.

The first period

Is that preceding World War I. There remain, unfortunately, very few pieces from this time and those that did survive the foul weather, the white missionaries' fire

La première époque

C'est la période qui précède la guerre de 14-18. Il ne reste, malheureusement, que peu de pièces de cette époque car celles qui ont survécu aux intempéries, aux feux des missionnaires blancs et aux insectes sont aujourd'hui dans les collections privées et les musées d'Europe.

La deuxième époque

correspond à la période dite "coloniale" et se situe entre la Première et la Seconde Guerres mondiales. Les missionnaires catholiques avaient pour mission d'évangéliser au nom du Dieu unique. Ils déclarèrent la guerre aux sorciers et aux fétiches.
Les premières victimes de ce combat pour un ordre nouveau seront les pièces dont l'ancienneté est antérieure au début du siècle.

and the insects, are today found in private collections and European museums.

The second period

Or "colonial" is located between the first and second World Wars. The Catholic missionaries had set out to evangelize in the name of the sole god, the Sole God. They thus declared war on the witchdoctors and fetishism. The first casualties of this battle for a new order were to be those pieces dating back earlier than 1900. Certain regions, notably those extending from the Ivory Coast to Liberia and Guinea, were harder to reach and thus favored, through the survival and practice of animism, the existence today of the sculpted masks of the second period or "generation", such as the Dan masks.

Certaines régions, notamment celle qui s'étend de la Côte d'Ivoire au Liberia et à la Guinée, étaient plus difficiles d'accès et cela a favorisé, à travers la survie et la pratique de l'animisme, la sculpture des masques de la deuxième époque ou "deuxième génération", comme par exemple les masques Dan.

La troisième époque
est extrêmement contestée par les experts. Cette époque, qui se situe entre l'après-guerre et les années 70, a été, sans aucun doute, fortement influencée par des événements exogènes comme la scolarisation en langue française ; l'activisme du catholicisme et la suprématie de la France dans les pays qu'elle avait colonisés.

The third period
Is a subject of much controversy amongst experts. This era, situated between the end of World War II and the 70s was, without a doubt, strongly influenced by exogenous events, such as schooling in the French language; the activism of Catholicism and the supremacy of France in the countries it had colonized.

The fourth and last period
Is that following the 70s until the present day. Traditional values, worship and initiation rites are no longer accessible solely to the initiates themselves. The art market itself has mutated as well, now focusing on crafts to better seduce the tourist or naive amateur.

La quatrième et dernière époque
est celle qui succède aux années 70 jusqu'à nos jours. Les valeurs traditionnelles, le culte et les rites initiatiques ne sont plus accessibles qu'aux initiés. Le marché de l'art est devenu lui-même un mutant, il s'est orienté vers le marché de l'artisanat pour mieux partir à la conquête du touriste ou du naïf amateur.

Quelles conclusions tirer de ces constats ? En vulgarisant l'art animiste, l'artiste aura le mérite de provoquer un intérêt, d'attirer un regard plein de curiosité sur son patrimoine traditionnel. Dans un marché de l'art où les règles ont beaucoup évolué, le collectionneur peut encore satisfaire son goût pour les objets de nature exceptionnelle dits "authentiques", tandis que le néophyte aura matière à se laisser surprendre par le charme vivant, coloré ou encore simplement par la maîtrise exem-

What conclusions might be drawn from these observations? By vulgarizing animist art, we can nevertheless credit the artist will with having provoking interest and curiosity as to its traditional cultural heritage. In an art market where the rules have greatly evolved, the collector can still satisfy his taste for objects of exceptional character, the so-called "authentic" works, while, at the same time, the neophyte will be still surprised by the living charm, color or just the exemplary craftsmanship of the sculptor's reproductive talents. For only a certain subjectivity could have led the purchaser to the ultimately selected object, thus in itself validating the value of his acquisition.
But, for us Africans, if the mask remains the voice of liturgical art in the animist tradition, is it not, as well, the very symbol and expression of some relationship with the Beyond? Is not the sculptor's know-how inscribed the magic of the word,

plaire du travail de reproduction du sculpteur. Car pour l'acheteur, seul l'intérêt subjectif qui l'aura guidé vers l'objet choisi saura justifier la valeur de son acquisition. Mais, *pour nous* Africains, *si le masque demeure le vecteur de l'art liturgique dans la tradition animiste, n'est-il pas le symbole et l'expression d'une relation à l'au-delà* ? Le *savoir-faire du sculpteur ne s'inscrit-il pas dans la magie du verbe, dans le souffle du divin ou encore dans l'espace consacré par les procédures initiatiques de nos sociétés secrètes* ?

in the breath of the Divine *or even in the space itself consecrated by the rites of initiation of our secret societies?*

Les Grands Groupes de Masques :

La plus grande partie des masques sont faits de bois. Certains autres sont faits de métal (fer, cuivre, laiton) ou encore de terre (argile).
Les bois : fromager, iroko, mais encore adzobé, acajou tiama, sont ceux que l'on utilise généralement pour la sculpture des masques.

Si l'on essaie de rassembler les masques du centre et de l'ouest de l'Afrique selon leur appartenance ethnique, on peut alors opérer une division en quatre principaux groupes. Cette liste exhaustive n'inclut pas les masques de "danse", les masques "passeport", les masques de "famille" ou les masques "fétiches":

The principal groups of masks

Most masks are made of wood, others of metal (iron, copper, brass), or even earth (clay).
Woods, such as silk-cotton tree and iroko, or even adzobé, mahogany and tiama, are commonly used in the sculpture of masks.

If we consider the masks of central and western Africa by ethnic origin, we find four main groups. This non-exhaustive list does not include "dance" masks, "passport" masks, "family" masks or "fetish" masks :

- Le groupe Dan
- Le groupe d'Afrique du Centre, principalement la République démocratique du Congo, le Cameroun et le Nigeria.
- Le groupe Sénoufo
- Le groupe Baoulé
- Les "petits masques", les "passeports" et les "fétiches".

- The Dan group
- The Central African group (principally the Democratic Republic of the Congo, the Cameroons and Nigeria).
- The Senoufo group
- The Baoule group
- "Small, passport and fetish" masks.

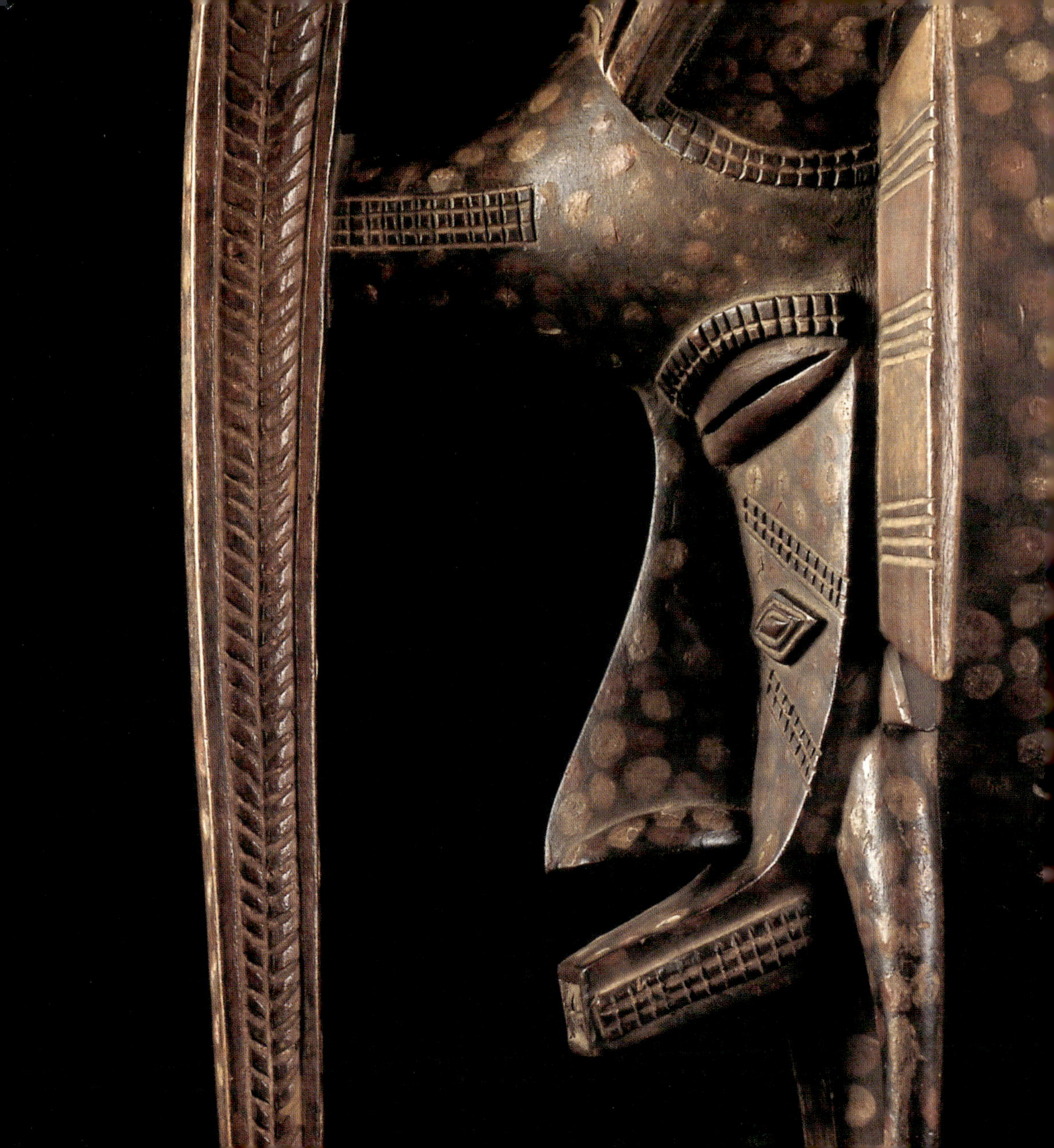

Le groupe des masques Sénoufo :

L'art animiste a été "chahuté" au cours de l'histoire. L'introduction des nouvelles religions, le passage du colonisateur sont en partie responsables de la disparition des objets anciens. Ceux qui ont pu être sauvés l'ont certainement été grâce à l'importance de la société secrète du "Poro".
Certains symboles de la liturgie animiste Sénoufo sont réminiscents.
Il s'agit, dans la société du Poro, de représentation des puissances occultes sous les traits d'animaux comme la panthère ou encore le calao.
Le calao longtemps et trop chassé est un oiseau à long bec dont l'espèce est aujourd'hui éteinte. Considéré comme une puissance bénéfique et protectrice, il incarne à la fois les sexes masculin et féminin.

The Sénoufo masks group:

Animist art has been often "pushed and shoved" over the course of history. The introduction of new religions and the passing of the colonizer are in part responsible for the disappearance of ancient objects. Those that were saved owed their rescue to the importance of the secret society "Poro". Certain symbols of Sénoufo animist liturgy are reminiscent of them, for, in Poro society, they are the representation of the occult powers of animals, such as the panther or even the "calao" (or hornbill). The latter, long over-hunted, was a bird with a long beak, and is now extinct. Considered as a beneficial, protective power, it incarnates both the masculine and feminine sexes.

Masque Calao - *Masque de* M'Bingue, *pays* Sénoufo, Côte d'Ivoire.

Bien qu'étant le triste messager de la mort puisque ce masque Calao annonce le décès du chef ou encore d'un vieillard, cette pièce ne nous prive pas de son extraordinaire beauté. Sa séduction réside tout entière dans son étrange ambiguïté. Il faut préciser, ici, que les Sénoufos célèbrent de façon traditionelle le couple dans sa légitimité, Adam et Ève. La talentueuse maîtrise du sculpteur livra un ouvrage bien séduisant.

4e époque - bois -, collection Guenneguez.

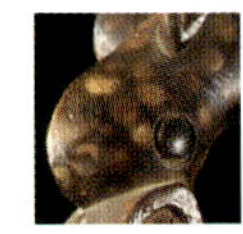

80 **The Calao *mask* - The M'Bingue *mask, region of* Sénoufo, Ivory Coast.**

Though being the sad harbinger of death since the Calao mask announces the passing of the chief, or even an elderly man, this piece doesn't hide its extraordinary beauty from us. Its power of attraction lies entirely in its strange ambiguity. It must be pointed out that the Sénoufos celebrate in traditional fashion the couple in its legitimacy, Adam and Even. The splendid craftsmanship of the sculptor has produced a most appealing piece of work.

4th period - wood - Guenneguez Collection.

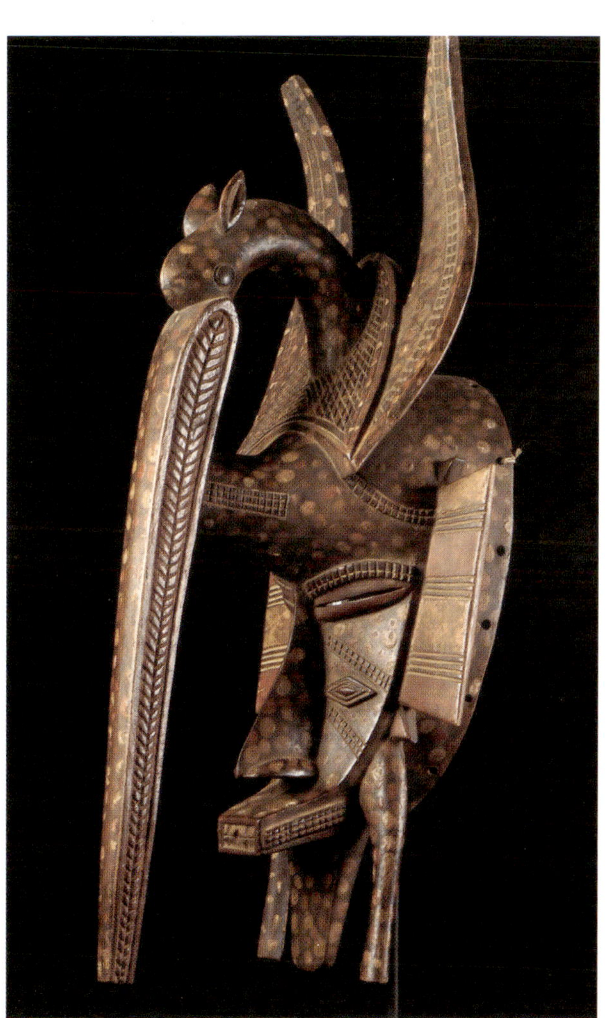

Masques Sénoufo - Région de Dokodougou, Khorogo, Côte d'Ivoire.

Ces masques oiseaux appelés "kpelie", affichent un air énigmatique. Le travail du bois poussé jusqu'au raffinement de la coiffure où trônent, insolemment, de petits oiseaux.

Ils habitent la forêt sacrée. Ils sortent pour les nouvelles récoltes ainsi que pour annoncer le jour de l'enterrement du chef du village.

2e époque - bois -, collection Guenneguez.

The Sénoufo masks - Region of Dokodougou, Khorogo, Ivory Coast.

These bird or "Kpelie" masks have quite an enigmatic air to them. The woodwork has been pushed to the refinement itself of the headdress on which insolently stand tiny birds.

They inhabit the sacred forest. They come out both for the new harvests and to announce the day of burial of the village's chief.

2nd period - wood - Guenneguez Collection.

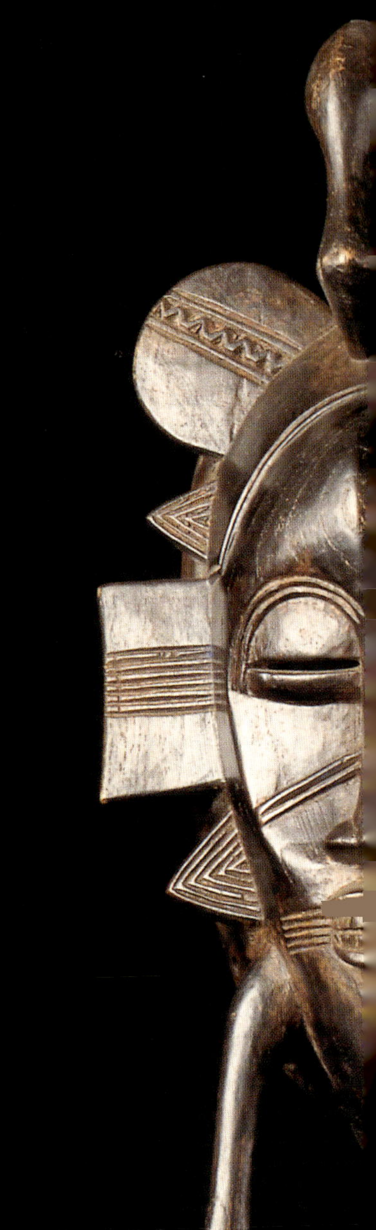

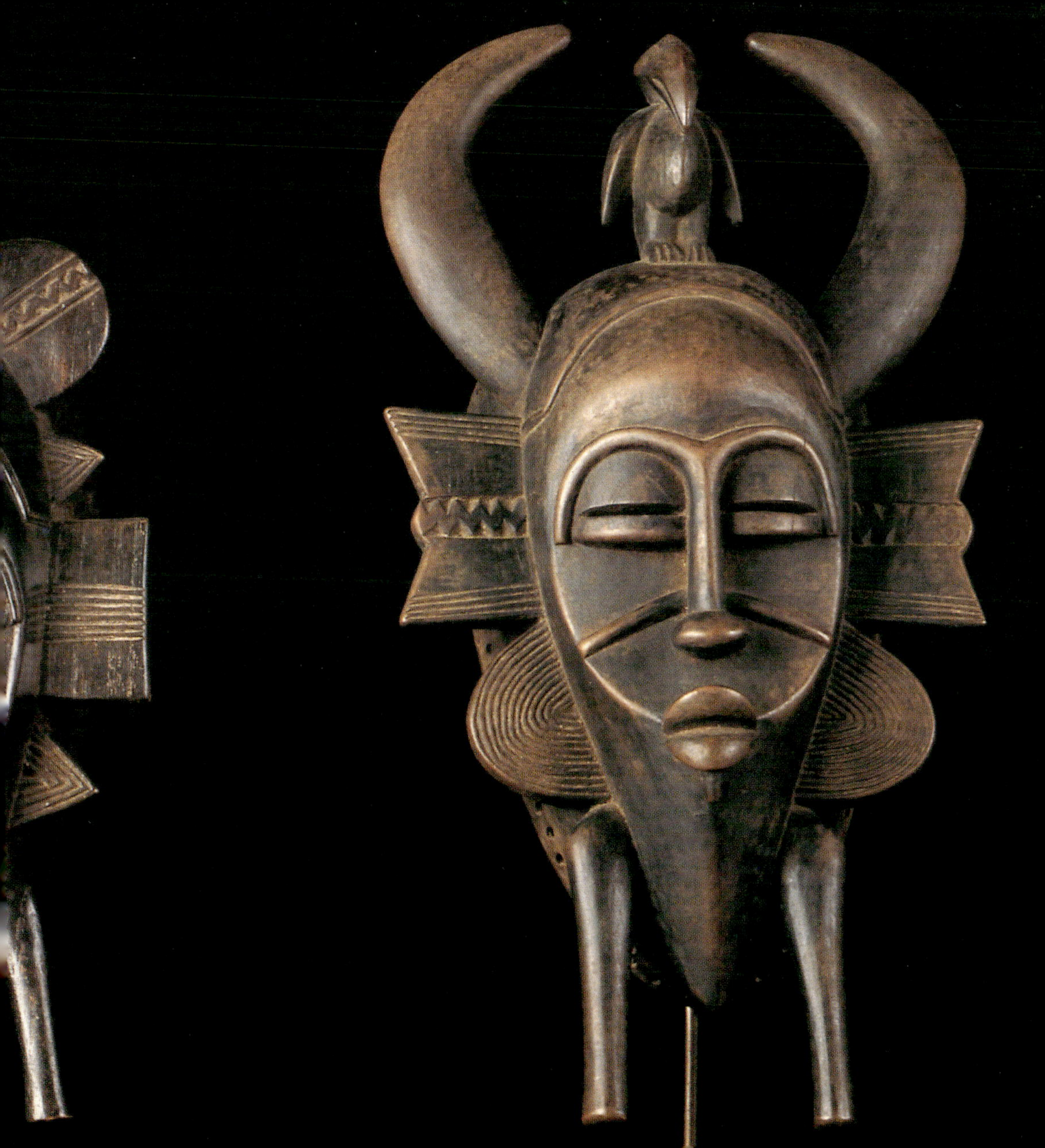

Casque Simier - Masque de Ferkéssedougou, pays Sénoufo, Côte d'Ivoire.

En guise de masque, plutôt un casque qui se porte sur la tête. Les objets de l'art animiste, en général, et les masques en particulier ont une destination et un usage précis dicté par leur liturgie et réclamé par leur environnement. S'il en est la réplique parfaite, il possède aussi une valeur intrinsèque. C'est là que réside sa beauté.

Tenu à l'abri dans une case à l'intérieur de la forêt sacrée, il n'effectue que de rares sorties. Il est surtout un masque d'adoration autour duquel on procède à des sacrifices.

1re *époque - bois -,* collection La Rose d'Ivoire.

The "Simier" *helmet* - The *mask of* Ferkéssedougou, *region of* Sénoufo, Ivory Coast.

More of a helmet than a mask, it is worn on the head. The objects of animist art, in general, and masks, in particular, have a precise destination and use dictated by their liturgy and demanded by their environment. As the perfect reply to them and their pure product, it therefore possesses an intrinsic value that belongs to it and it alone. And it is in this that its beauty resides. Sheltered in a hut within the sacred forest, it rarely comes out. It is mainly a mask of worship around which sacrifices are made.

1st *period - wood -* Collection La Rose d'Ivoire.

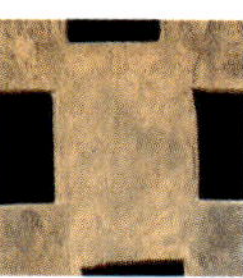

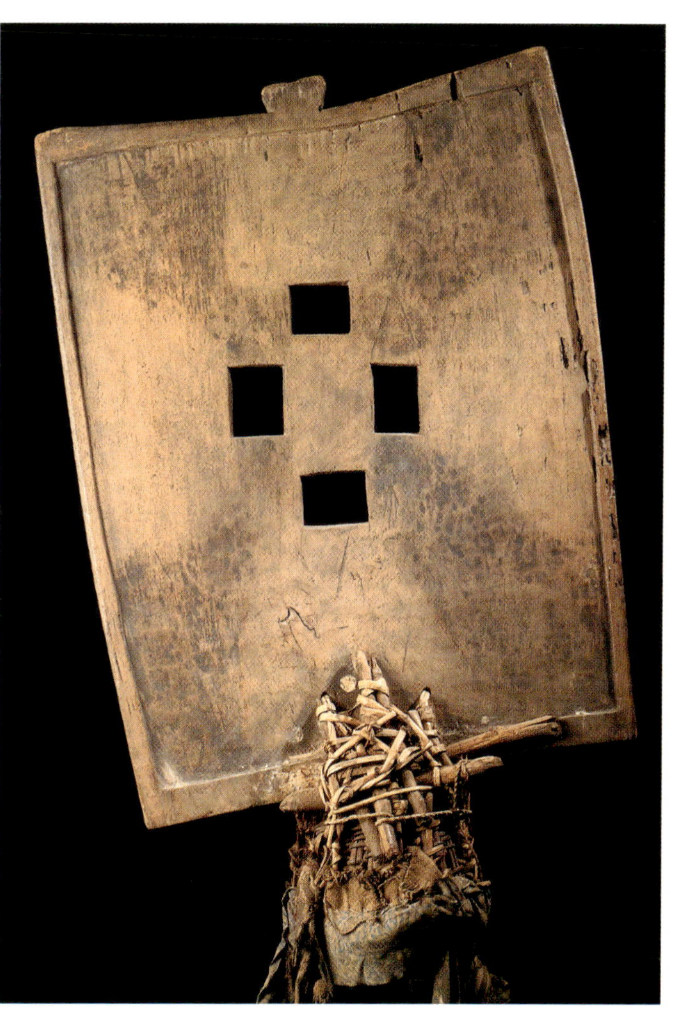

Masque Kone - *Masque Bamabara, région de Ségou,* Mali.

Cette pièce peut inspirer des sentiments tout à fait contradictoires. Comment ne pas frissonner ? L'objet restitue la teneur de l'histoire de ses peuples, réaffirmant la présence des mythes et des génies.

Ce masque, qui est celui de l'excision, ne sort que lorsque sont achevées les cérémonies. Lorsque le groupe des femmes sort de la forêt, il est porté par celle qui en est le chef.

3e *époque - métal -, collection* La Rose d'Ivoire.

The Kone *mask* - The *Bambara mask, region of* Ségou, *Mali*.

This piece might inspire totally opposite feelings. How not to shiver? The object restores the content of the history of its peoples, reaffirming the presence of myths and geniis.

This mask of excision only comes out after the end of the ceremonies. When the group of women emerges from the forest, it is worn by she who is their leader.

3rd *period - metal -* Collection La Rose d'Ivoire.

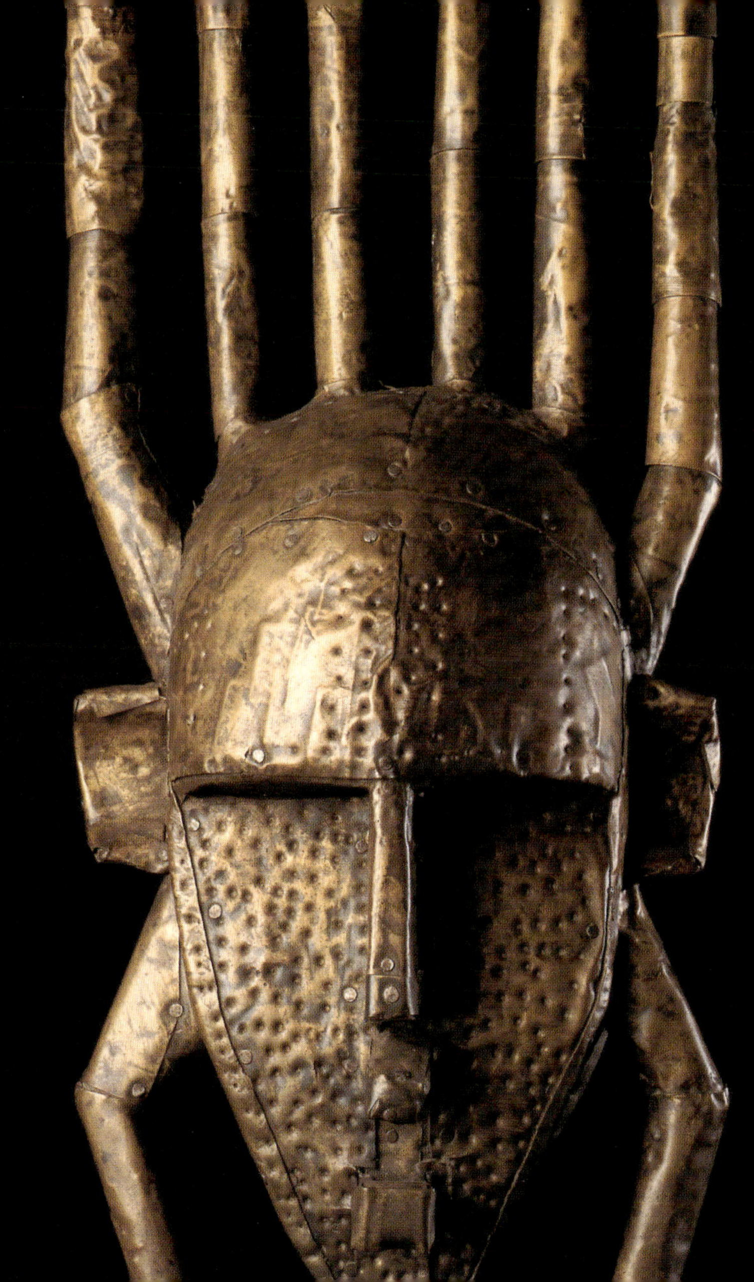

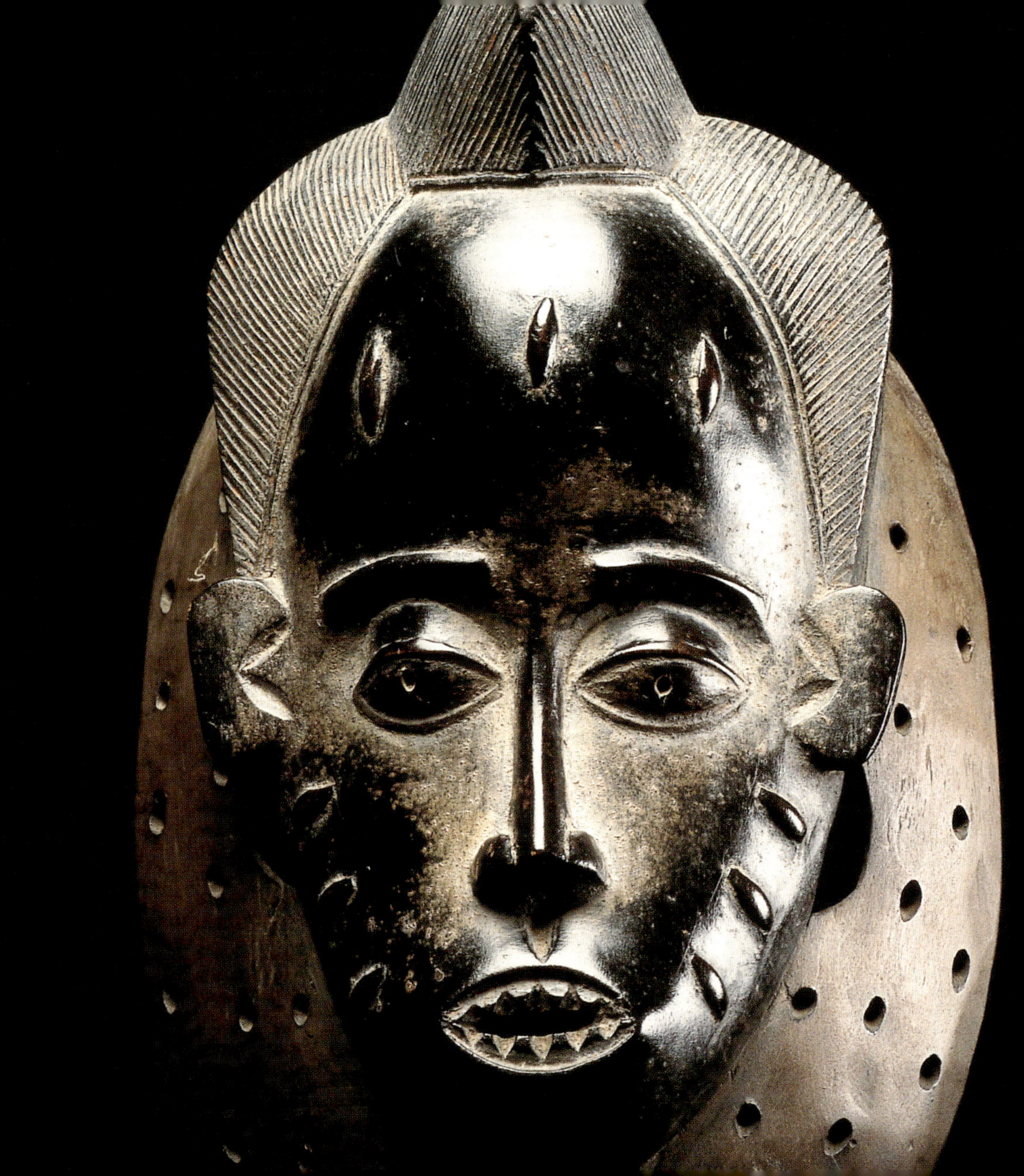

Le groupe des masques baoulé :

Les Baoulés, qui font partie du groupe Akan, viendraient du Ghana. Leur art s'est fortement inspiré de certaines caractéristiques de l'art gouro de Côte d'Ivoire. La société baoulé obéit aux règles du matriarcat, système coutumier dans lequel la femme transmet l'héritage.

Ceci explique, peut-être, pourquoi les femmes sont souvent représentées par les expressions des masques.

Dans toutes les sociétés qui obéissent aux rites animistes, le masque incarne le lien qui existe entre le cosmos et le monde des vivants. À travers un vocabulaire qui obéit à un système de codes, le sculpteur exprime son savoir cosmique, la conviction qui est la sienne d'être un instrument du divin et son masque n'est rien d'autre que le miroir où l'esprit des dieux se reflète.

The Baoulé mask group:

The Baoulés, belonging to the Akan group, are supposed to have come from Ghana. Their art is strongly inspired by certain characteristics of the Ivory Coast's Gouro art. Baoulé society obeys matriarchal rules - a traditional system in which inheritance is handed down by the woman.

This perhaps explains why women are often represented in these masks.

In all societies that obey animist rites, the mask incarnates the link between the cosmos and the world of the living. Through a vocabulary that obeys a code system, the sculptor expresses his cosmic knowledge, with the conviction of being an instrument of the Divine and his mask none other than the mirror in which the spirit of the gods is reflected.

Masque royal - Masque Baoulé des "Godè" de la région de Béoumi, Côte d'Ivoire.

Lorsque le souverain décède, le conseil fait sortir ce masque pour le faire danser.

Si les sourires n'apparaissent que peu dans l'univers du masque africain, c'est que tel est le propos du sculpteur qui ne restitue rien d'autre à l'exclusion de l'expression la plus pure, de l'émotion la plus simple. L'interprétation de cet art ne doit pas s'appuyer sur une lecture subjective de l'objet, car le masque n'est rien d'autre qu'un esprit qui s'est immiscé dans la matière...

3e époque - bois -, collection Guenneguez.

The royal mask - The Baoulé of the "Godès", region of Béoumi, Ivory Coast.

When the sovereign dies, the council takes out this mask to have it dance.

If smiles appear but little in the world of African masks, this is part of the sculptor's vision who renders nothing other than the purest expression, the simplest emotion. The interpretation of this art must not be based on a subjective reading of the object, for the mask is nothing more than a spirit embodied in matter...

3rd period - wood - Guenneguez Collection.

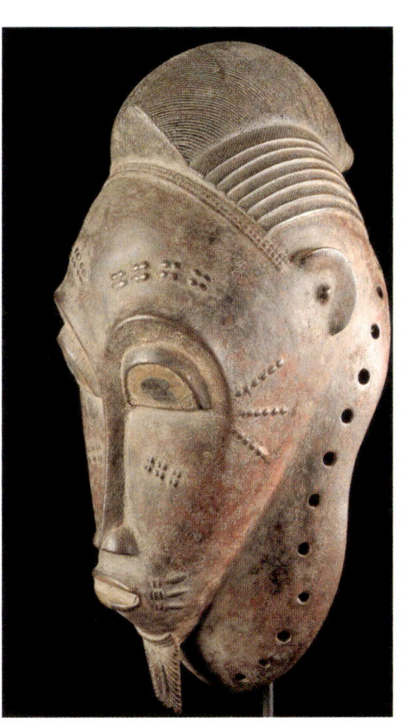

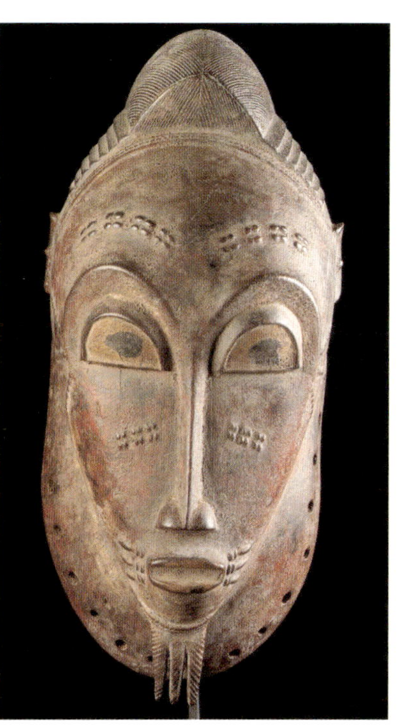

Masque Baoulé - *Masque Baoulé de Bocanda, Côte d'Ivoire.*

Énigmatique beauté de ce visage muet, mystérieux et serein.
Les sorties des masques à l'occasion des cérémonies qui célèbrent les travaux de la terre, sont là pour rappeler et commémorer les événements qui ont précédé l'organisation et l'évolution de la société.
Celui-ci célèbre la fête des ignames.

2e *époque - bois - collection Guenneguez.*

The Baoulé mask - *The Baoulé of Bocanda, Ivory Coast.*

The enigmatic beauty of this silent, mysterious, serene face...
These masks come out for ceremonies in thanks for good harvests and to recall and commemorate the events that preceded the organization and evolution of society.
This particular mask celebrates the feast of yams.

2nd *period - wood - Guenneguez Collection.*

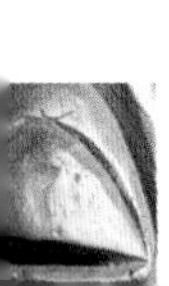

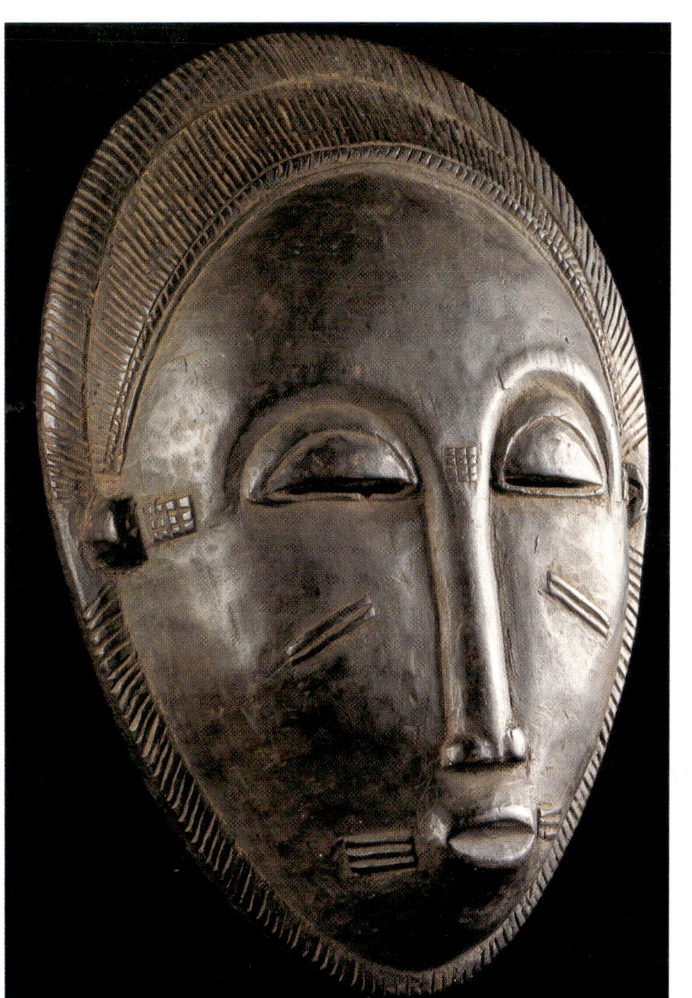

Masque Baoulé - *Masque de la région de* M'Bahiakro, Côte d'Ivoire.

Le masque, incarnation d'un esprit, utilise le corps du danseur dont il se sert comme on le ferait d'un interprète. Il l'anime mais ne le possède pas. Voici le masque pleureur qui sort pour annoncer le décès du roi.

3e époque - bois -, collection Guenneguez.

The Baoulé mask - **The Baoulé mask, region of M'Bahiakro, Ivory Coast.**

The mask, that is to say the incarnation of a spirit, makes use of the dancer's body as one would use an interpreter. It brings the body to life, but does not possess it. Here is the crying mask that comes out to announce the passing of the king.

3rd period -wood - Guenneguez Collection.

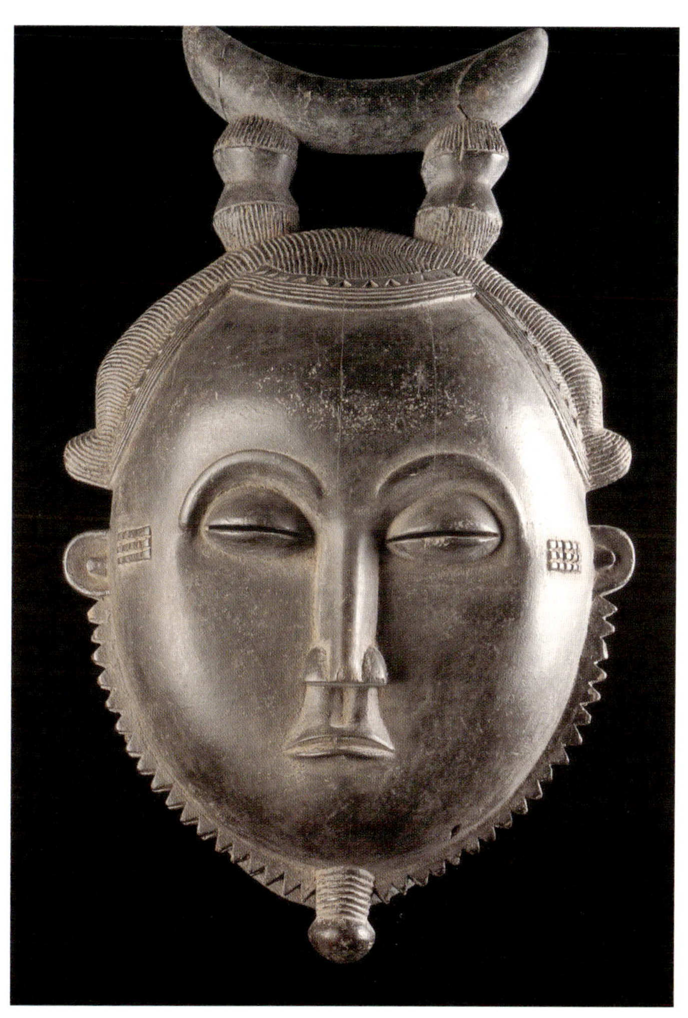

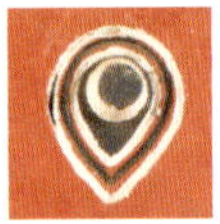

Masques lunaires - Masques *Gblé-Gblé* des Wans de Bouaké, Côte d'Ivoire.

Ces masques sortent pour danser dans les cérémonies du village. Leur beauté abstraite confirme l'objet de leur fonction à l'intérieur d'un monde qui est régi par un ensemble de codes.

Ces masques ne sont pas dotés de pouvoirs magiques en relation avec la Lune ou une quelconque autre planète mais sont bien l'esprit d'un mouvement chorégraphique. Les exclure des danses équivaudrait à les nier !

3e *époque - bois -*, collection La Rose d'Ivoire (*gauche*).

4e *époque - bois -*, collection La Rose d'Ivoire (*droite*).

Lunar masks - The *Gblé-Gblé* masks of the Wans of Bouaké, Ivory Coast.

These masks come out to dance for village ceremonies. Their abstract beauty confirms their role within a world that is governed by a set of codes.

These masks are not endowed with magical powers connected to the moon or planets, but are in fact the spirit of a choreographic movement. Excluding them from dances would be tantamount to rejecting them!

3rd *period - wood -* La Rose d'Ivoire Collection (*left*).

4th *period - wood -* La Rose d'Ivoire Collection (*right*).

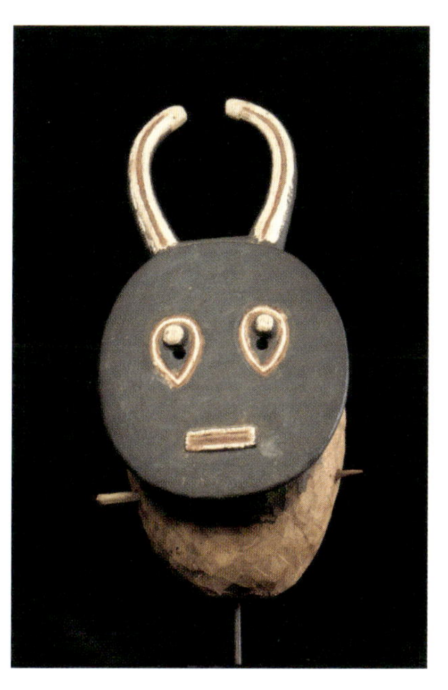

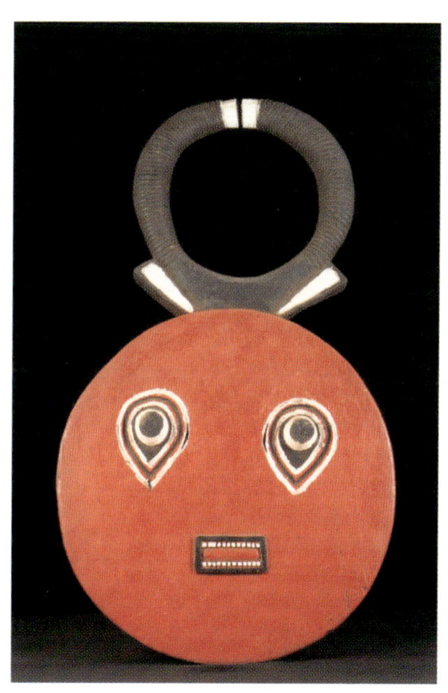

Masque Janus - Masque Baoulé de Sakassou, Côte d'Ivoire.

Lors de son intronisation, le nouveau souverain porte ce masque sur le visage et danse.

Vrais ou faux jumeaux ? Faut-il chercher des dissemblances ? Les Baoulés sont connus pour leur goût d'esthètes. On retrouve, en admirant ce masque, un style idéalisé empreint d'expressionisme.

1re *époque – bois –, collection Guenneguez.*

The Janus mask - The Baoulé mask of Sakassou, Ivory Coast.

When crowned, the new sovereign wears this mask on his head and dances.

True or false twins? Should we look for differences? The Baoulés are known for their esthete's taste, and, as we study this mask, we seem to recognize an idealized style reminiscent of expressionism.

1st *period - wood - Guenneguez Collection.*

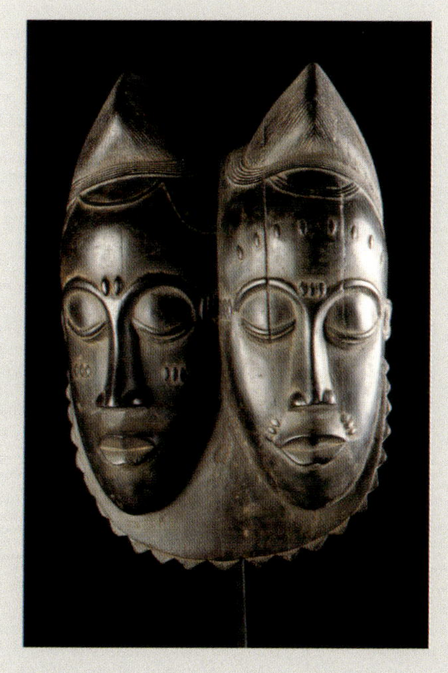

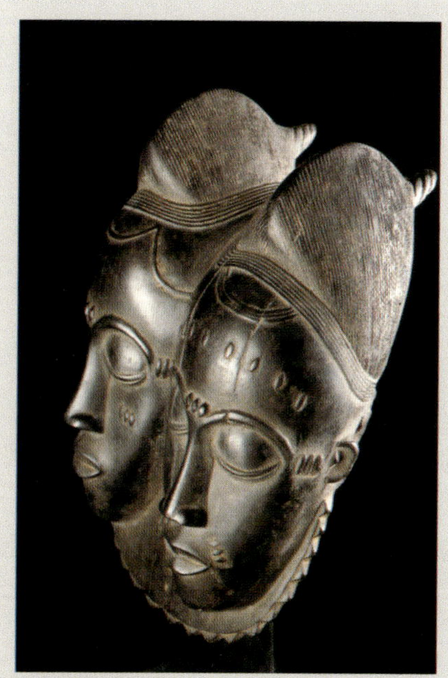

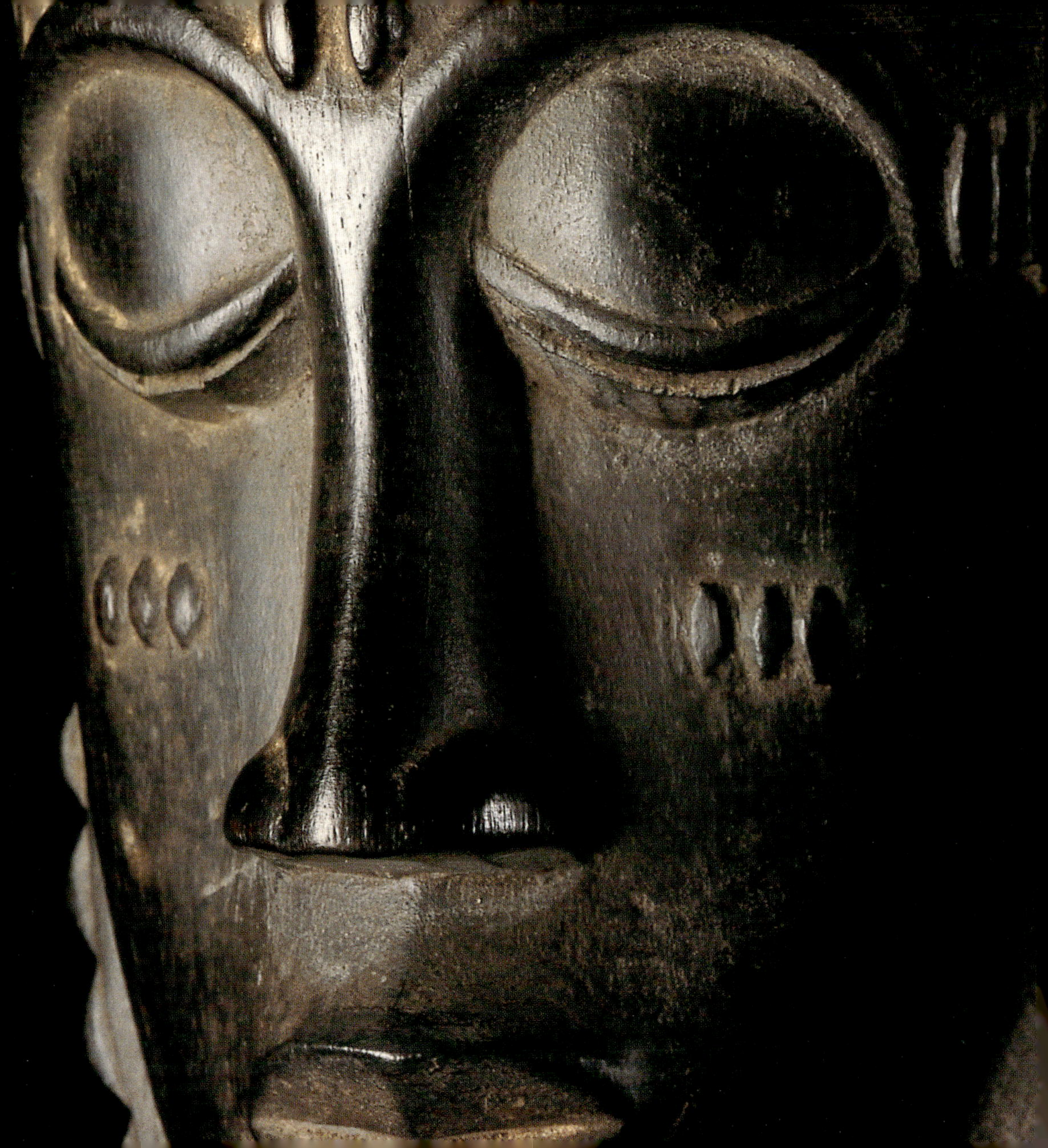

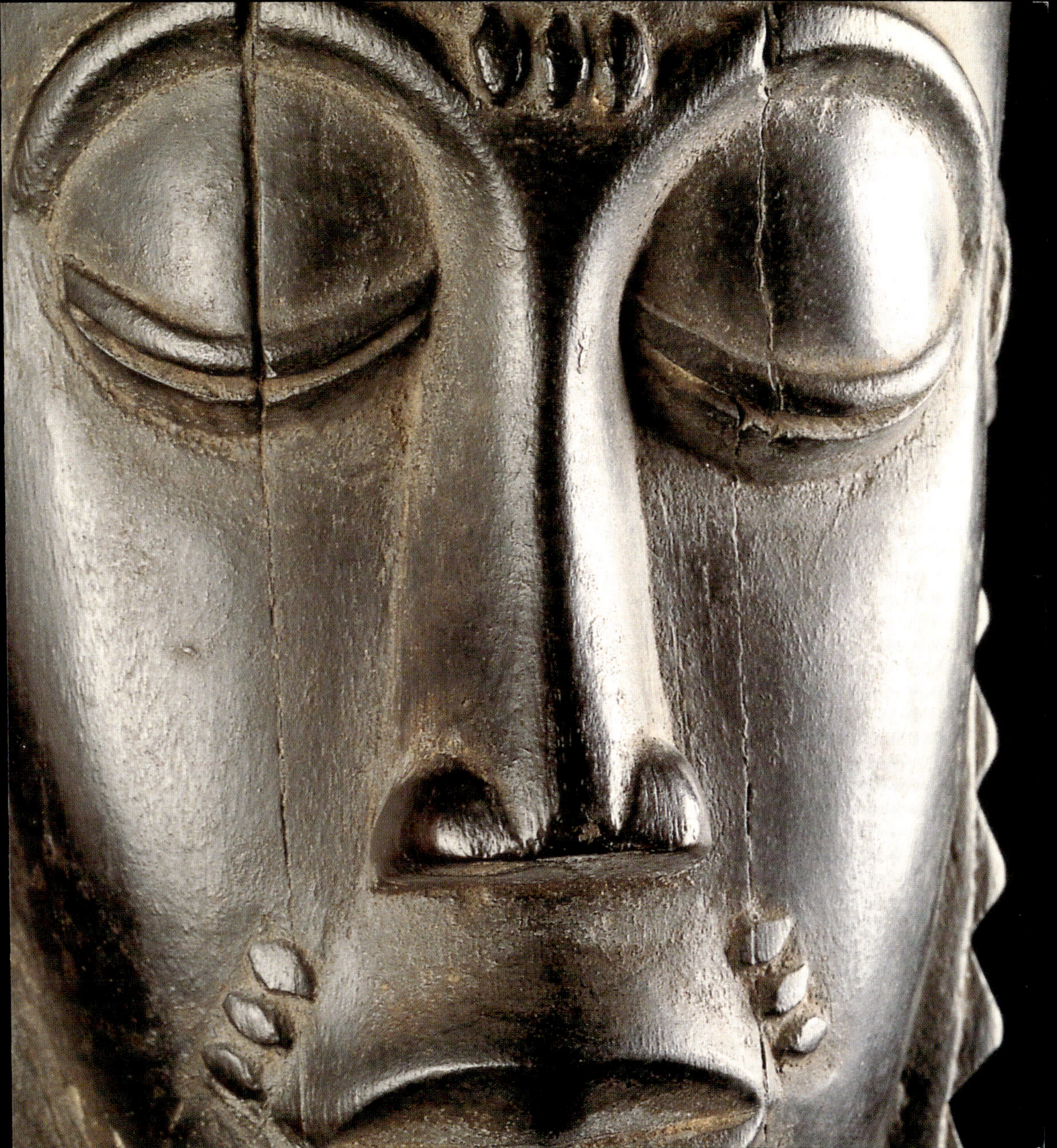

Masque Baoulé - *Masque cabri des* Baoulés de Toumodi, Côte d'Ivoire.

À défaut de posséder des masques Goli *qui sont rares, les villages ont des masques* Cabri. *Leur expression souvent brutale inspire la crainte.* Ils *sortent pour démasquer les sorciers qui tentent d'échapper à leur pouvoir.* Mais *ils peuvent aussi annoncer le décès du chef.* Les *nombreuses apparences revêtues par les masques, font la démonstration de leur appartenance au sacré.*

C'*est, en effet, le pouvoir de l'esprit ou des énergies qui les manipulent.*

Les *représentations qu'ils incarnent sont toutes identiques, familières et identifiables dans le monde des génies.* Elles *expriment, à leur manière, la diversité du cosmos.*

1re *époque - bois -, collection* Guenneguez.

The Baoulé *masks* - The Cabri *mask of the* Baoulés *of* Toumodi, Ivory Coast.

Unless *they happen to have some of the rare* Goli *masks, the villagers use* Cabri *masks instead.* Their *often brutal expression inspires fear.* They *come out to unmask sorcerers/witchdoctors who try to escape their power.* But *they also announce the passing of chief.* The *numerous appearances that the masks can take on are proof of their sacred character.*

For, *indeed, it is the power of the spirit or the energies that manipulate them.*

The *representations that they incarnate are all identical, familiar and identifiable in the world of genies.* They *express in their own way the diversity of the cosmos.*

1st *period - wood -* Guenneguez Collection.

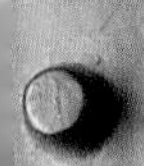

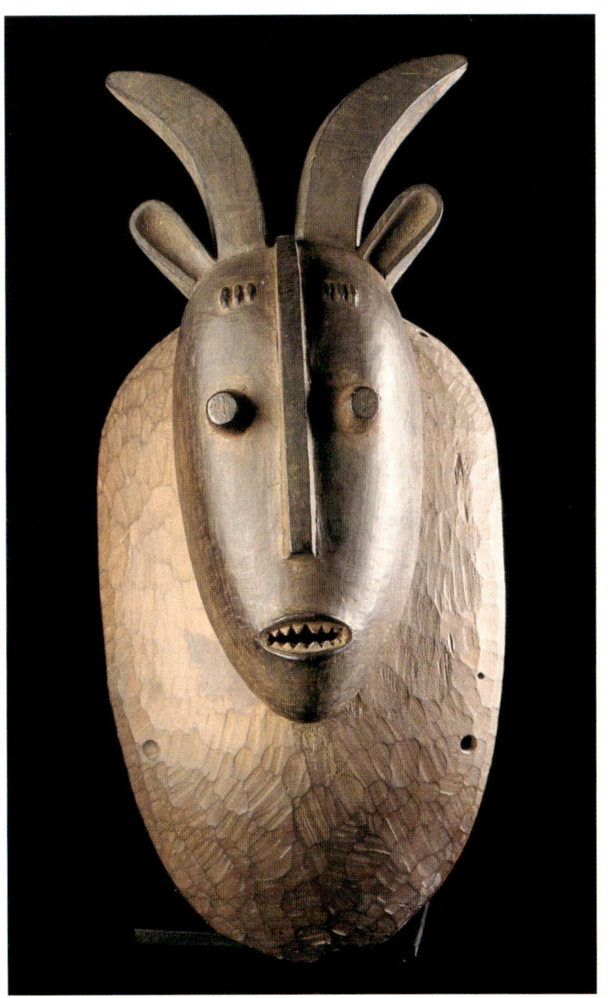

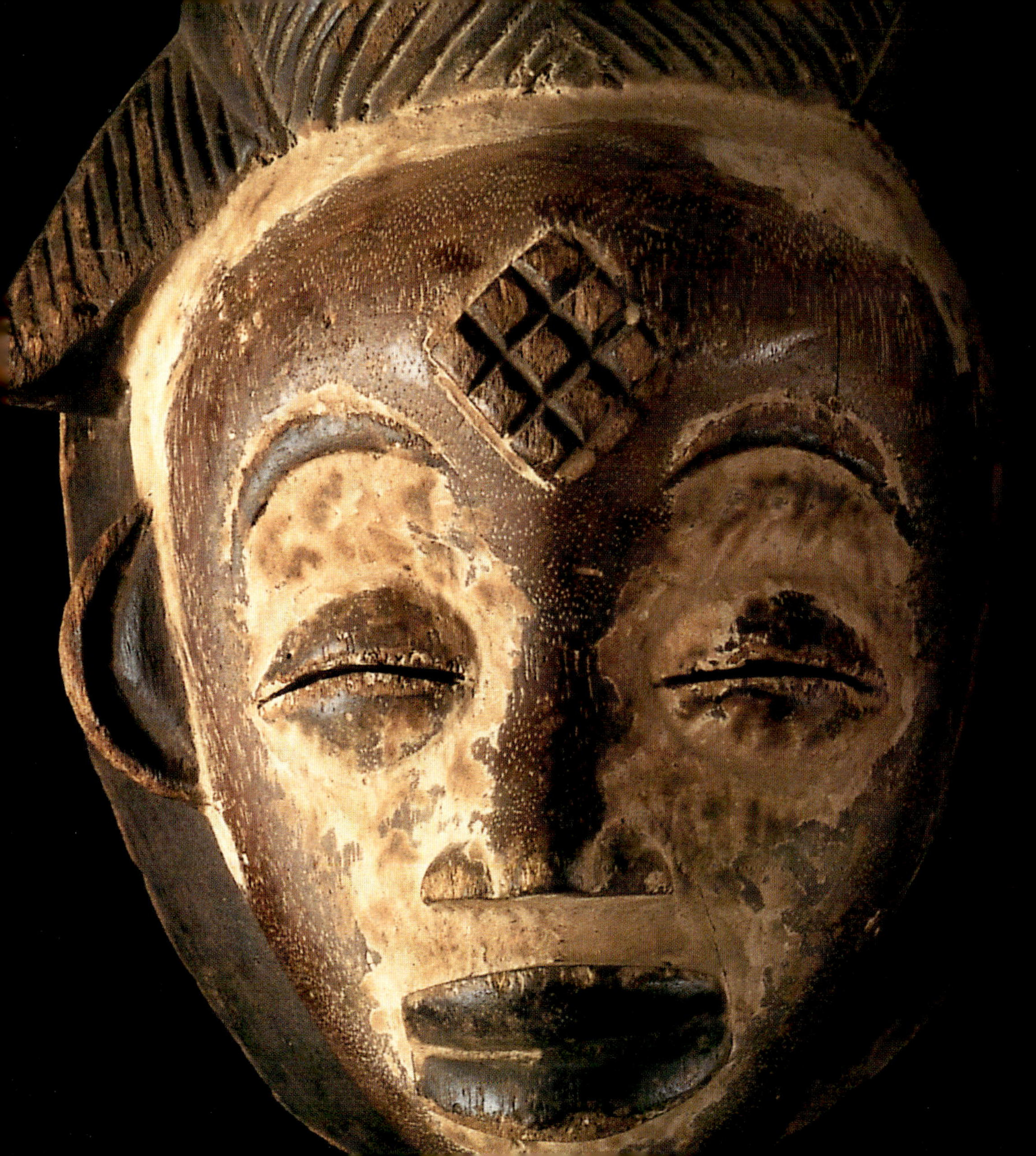

Les "petits masques", les masques "passeports", les masques "fétiches":

Ces masques, pour la plupart de petites dimensions, comparés aux grands masques, ont pour particularité d'être portés ou placés dans les cases afin de servir de masque d'adoration.
Les “petits masques” sont les accompagnateurs des grands masques et jouent le rôle de messagers ou de traducteurs.
Les masques “passeports”, quant à eux, à l'époque où la carte d'identité n'existait pas encore, servaient de signe de reconnaissance d'une tribu à l'autre.
Les masques “fétiches” que l'on appelle encore masque de “famille”, habitent la case, la maison familiale. Ils sont adorés dans le rituel du sacrifice et il est fréquent qu'on leur offre des poulets en échange d'un service rendu. Le masque “fétiche” est un médiateur entre Dieu *et les hommes.*

The "small, passport and fetish" masks:

These masks, mostly of comparatively small size, have the particularity of being worn in or kept in huts to be used as masks of worship.
The "small masks" accompany the larger masks and play the role of messengers or translators.
As for the "passport" masks, at the time when the "identity card" per se didn't yet exist, they served as sign of recognition between various tribes.
The "fetish" or "family" masks are kept in the hut or family home. They are worshipped during sacrificial rituals and frequently are offered chickens in exchange for a service rendered. The "fetish" mask is a mediator between God and men.

Masque Petit coma - Masque des Diomandé de la région de Touba, Côte d'Ivoire.

Ce petit masque, qui est porté à la main, joue le même rôle que le petit Goli. Il est l'interprète du grand masque dont il est l'accompagnateur pendant les cérémonies.

On retrouve toujours des traits communs aux masques des groupes ouest, souvent pourvus de longs nez, ou de longs becs. Leur beauté est souvent grotesque mais on ne peut nier la grande pureté et l'équilibre parfait de leur rythme.

2e *époque - bois -, collection Guenneguez (gauche).*

1re *époque - bois -, collection Guenneguez (droite).*

The Small Coma mask The Diomandé masks of the region of Touba, Ivory Coast.

This small, hand-held mask plays the same role as the small Goli. It is the interpreter of the big mask which it accompanies during ceremonies.

We find once again the same resemblances with the masks of the western groups, such as long noses or beaks. Their beauty is often grotesque, but one can't deny the great purity and perfect balance of their rhythm.

2nd *period - wood - Guenneguez Collection (left).*

1st *period - wood - Guenneguez Collection (right).*

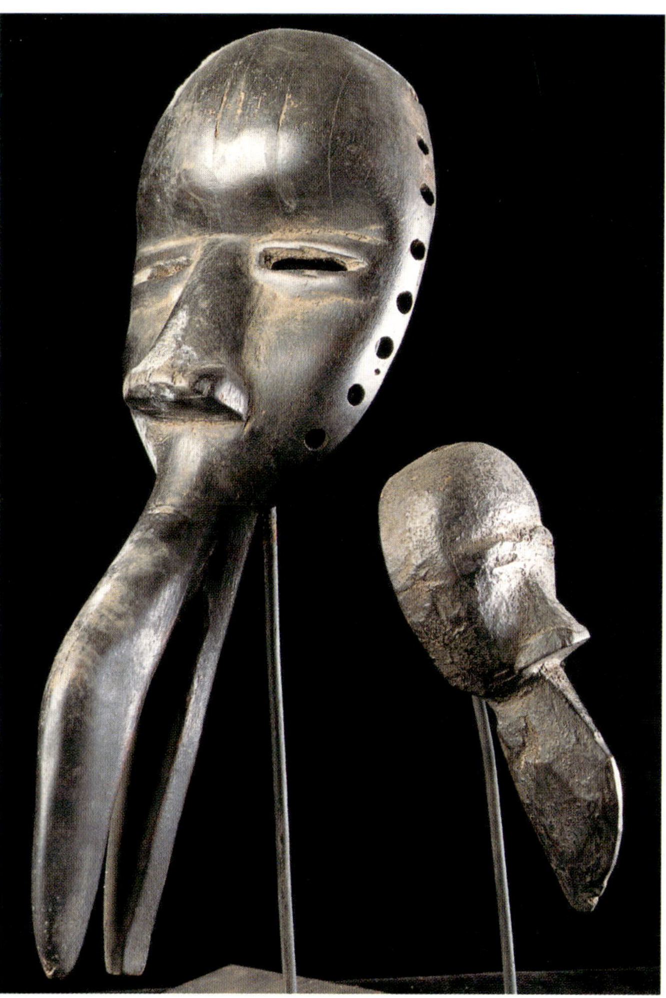

Masques Petits golis - Petits masques Baoulés de la région de Toumodi, Côte d'Ivoire.

L'univers fantasmagorique des masques mène à la fascination que l'on éprouve pour les beaux objets. Ces petits masques servent à accompagner les plus grands. Comme les "petits Comas", ils sont portés à la main. Ils tiennent le même rôle et jouent les accompagnateurs des grands masques, interprétant leur message.

1re *époque - bois -, collection Guenneguez.*

Small Goli masks. Small Baoulé masks from the region of Toumodi, Ivory Coast.

The phantasmagorical world of masks leads to the fascination one feels for such handsome objects. These small masks accompany the larger ones. Much like the "small Comas", they are hand-held. They play the same role and act as the accompanists of the large masks, interpreting their messages.

1st *period - wood - Guenneguez Collection.*

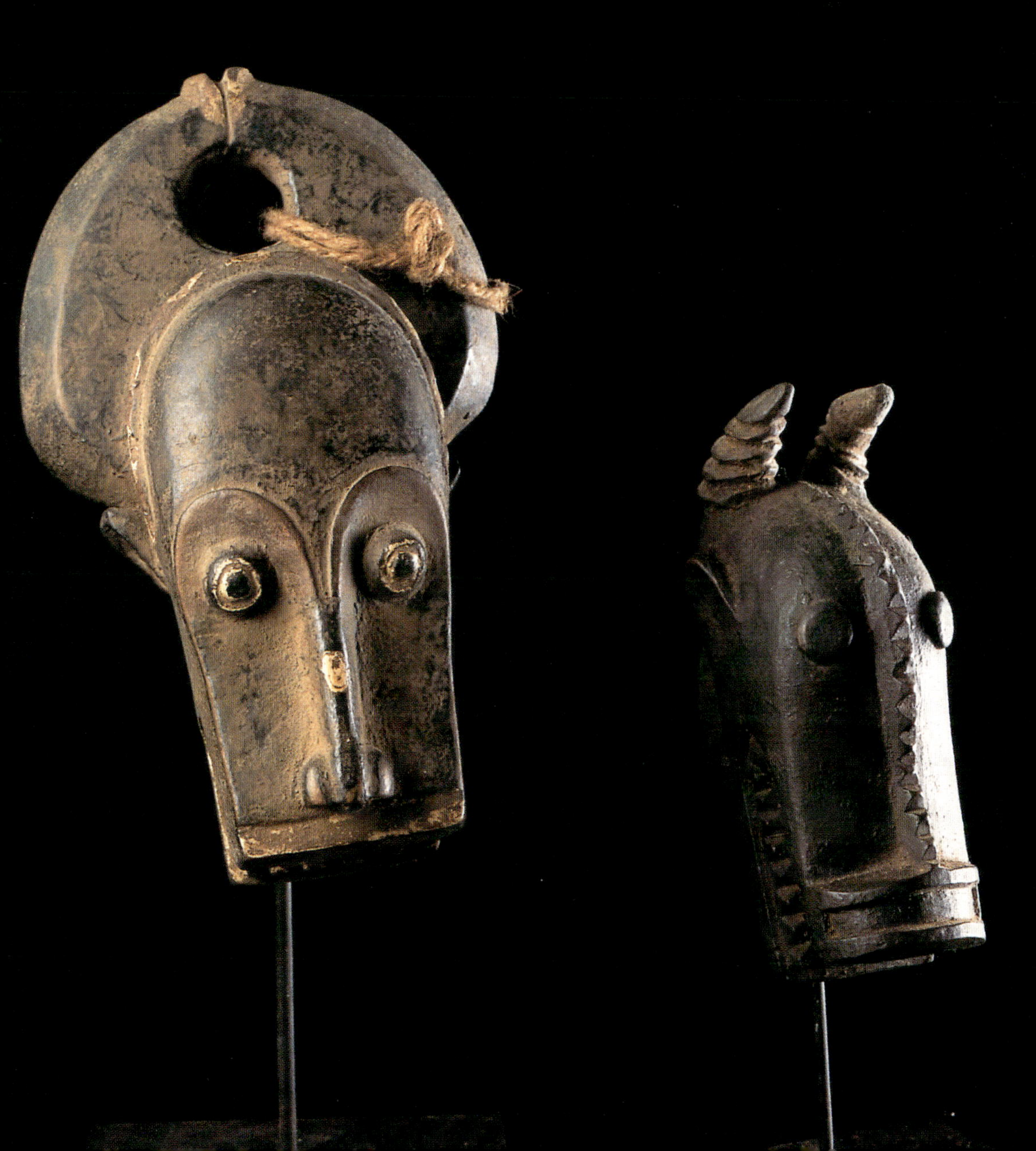

Masque "petit Goli" - Masque Baoulé de la région de Toumodi, Côte d'Ivoire.

(Voir légende page précédente.)

1re époque - bois -, collection Guenneguez.

"Small Goli" mask - The "Baoulé" mask from the region of Toumodi, Ivory Coast.

(cf. caption preceding page)

1st period - wood - Guenneguez Collection.

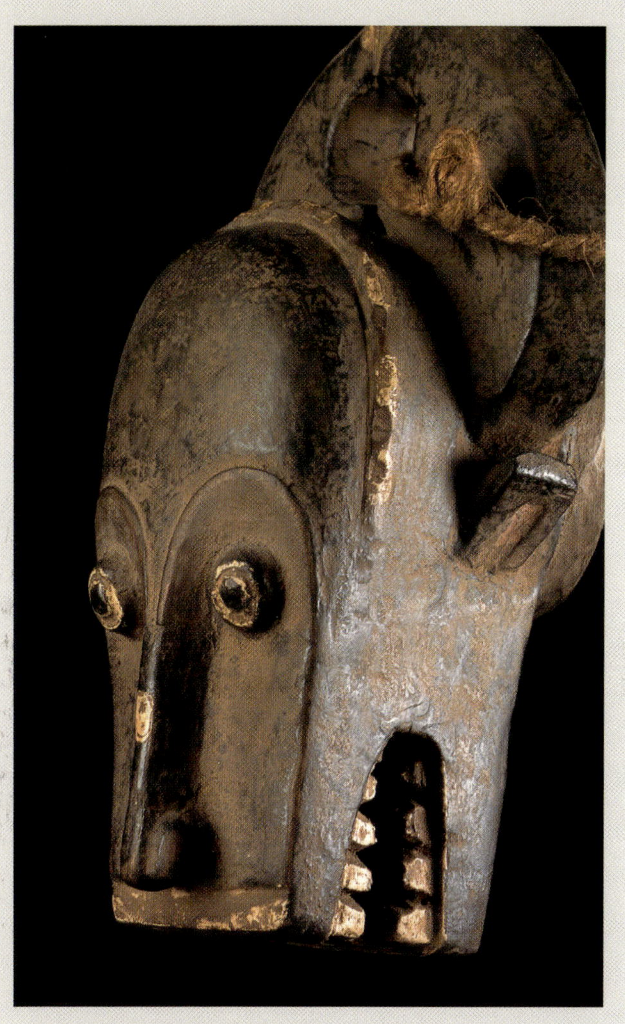

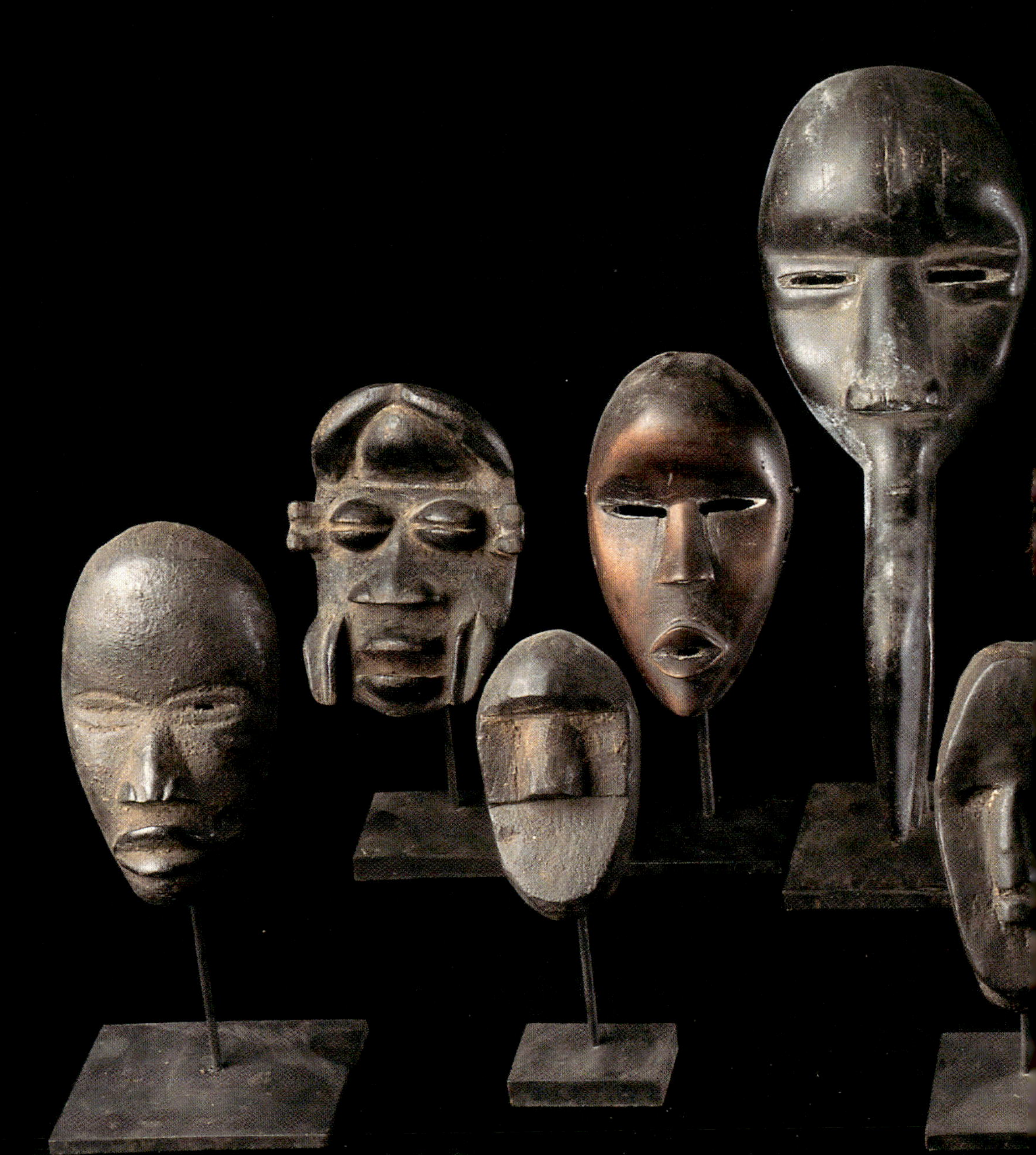

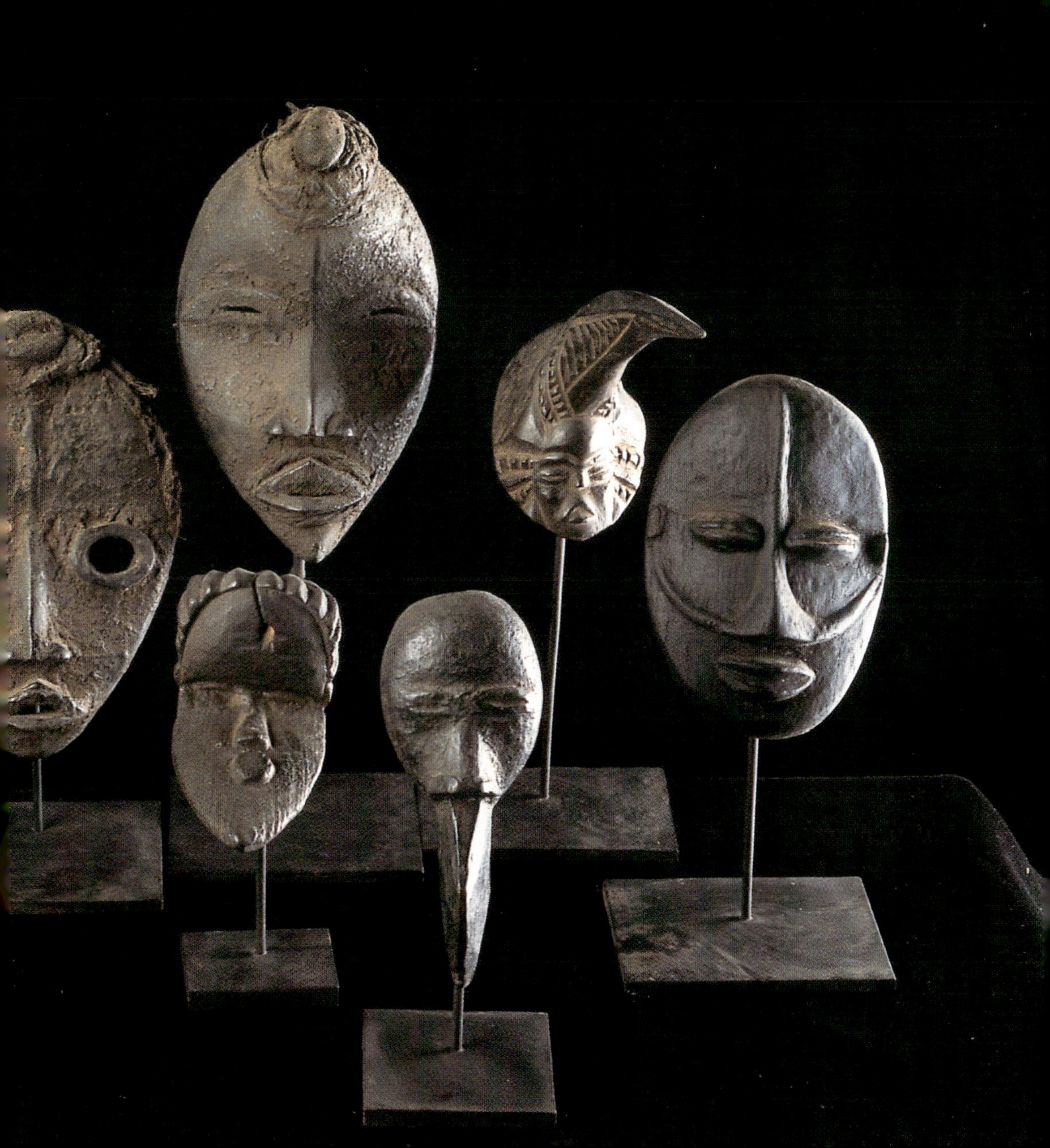

Pages *précédentes* : Groupe des Passeports Dan.

Une photo de famille pour des cousins germains rassemblés à l'occasion d'une séance de photo en studio. Le "passeport" est un masque de petite taille qui tient à l'intérieur de la main. Il était confié à celui qui quittait le village pour aller porter la nouvelle. Il lui servait de carte d'identité et lui permettait d'être authentifié ainsi que la tribu à laquelle il appartenait.

2e époque – bois –, collection Guenneguez.

Passeports Bassa - Région à la limite des frontières Liberia - Côte d'Ivoire, Liberia.

Voici deux styles de sculptures sur masque très différents des groupes de "passeports" qui précèdent.

2e époque - bois -, collection Guenneguez.

***Preceeding pages* : The Dan Passport Group.**

A family photo for German cousins gathered together for a for a studio portrait.

The "passport" is a small mask that can be held in the palm of the hand. It was entrusted to anyone leaving the village to carry news, serving as his identity card and identifying the tribe to which he belongs.

2nd period - wood - Guenneguez Collection.

Bassa Passports - Region bordering on Liberia - Ivory Coast, Liberia.

Here are two styles of mask sculpture highly different from the preceding passport groups.

2nd period - wood - Guenneguez Collection.

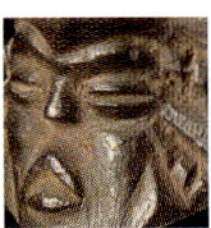

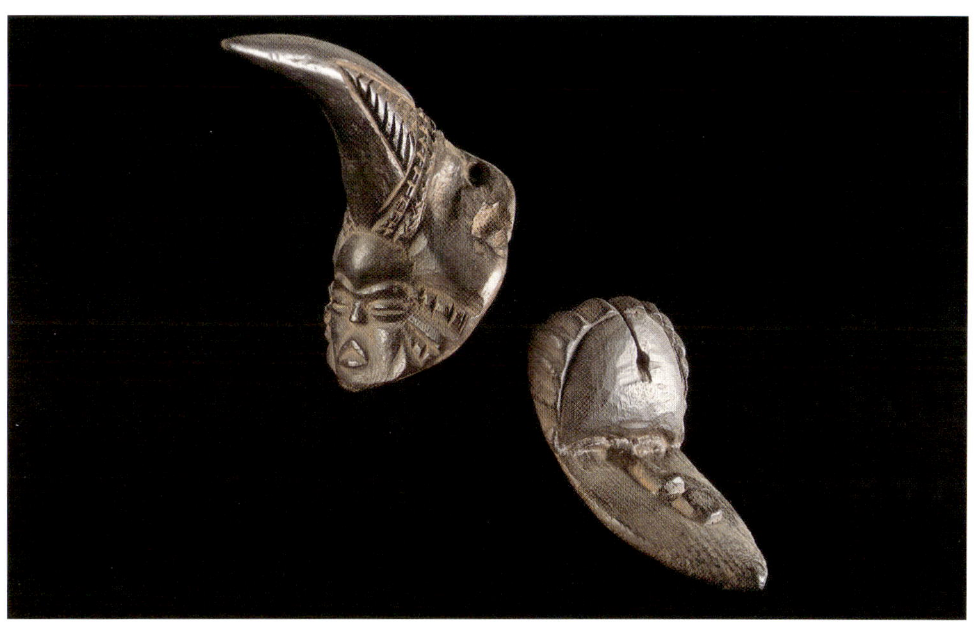

Masque de famille Léga - République démocratique du Congo (ancien Zaïre).

C'est la personne la plus âgée de la famille qui a la garde de ce masque précieux. La coutume veut qu'il soit adoré, et lorsqu'il est sollicité par les membres de la famille, ceux-ci procèdent à des offrandes sous forme de sacrifices (poulet ou autre).

Quelquefois, on trouve autour des yeux ou sur le front des plumes collées, un peu de sang séché : ce sont là les signes de sa puissance...

La beauté puissante et harmonieuse de cette pièce se passe de commentaire. Il suffit de regarder la lumière se poser sur elle et l'habiter, pour en être convaincu.

1re *époque - bois -, collection Guenneguez.*

The Léga family mask - Democratic Republic of the Congo (ex-Zaire).

The oldest person in/elder of the family is the one entrusted with the safekeeping of this precious mask. According to custom, it is worshipped, and when solicited/consulted by family members, they offer it sacrifices (chicken, etc.).

Sometimes, you can spot around the eyes or on the front of the glued feathers, a bit of dried blood: these are signs of its power...

The powerful, harmonious beauty of this piece needs no further comment. It is enough to watch the light settle on it, inhabiting the mask, to be convinced.

1st *period - wood - Guenneguez Collection.*

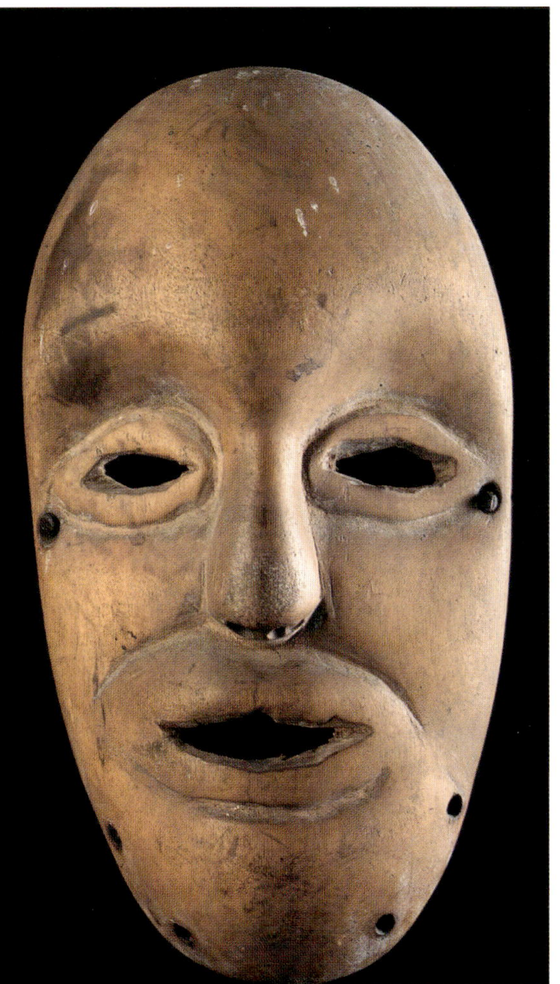

Masques de famille - *Masques Dan-Guéré de la région de Guiglo, Côte d'Ivoire.*

Ces masques d'adoration ne sortent jamais de la case, ils sont tenus au sein de la famille, et, comme les autres, subissent les mêmes traitements de faveur dans les rites du sacrifice... On peut admirer leur style épuré et les reliefs de leurs traits.

1re *époque - bois -, collection Guenneguez.*

Family masks - The Dan-Guéré *of the region of* Guiglo, Ivory Coast.

These worship masks never come out of the hut, being kept within the family, and, much like the others, they receive preferential treatment during sacrificial rites. Admire their purified style and the relief of their features.

1st *period - wood -* Guenneguez Collection.

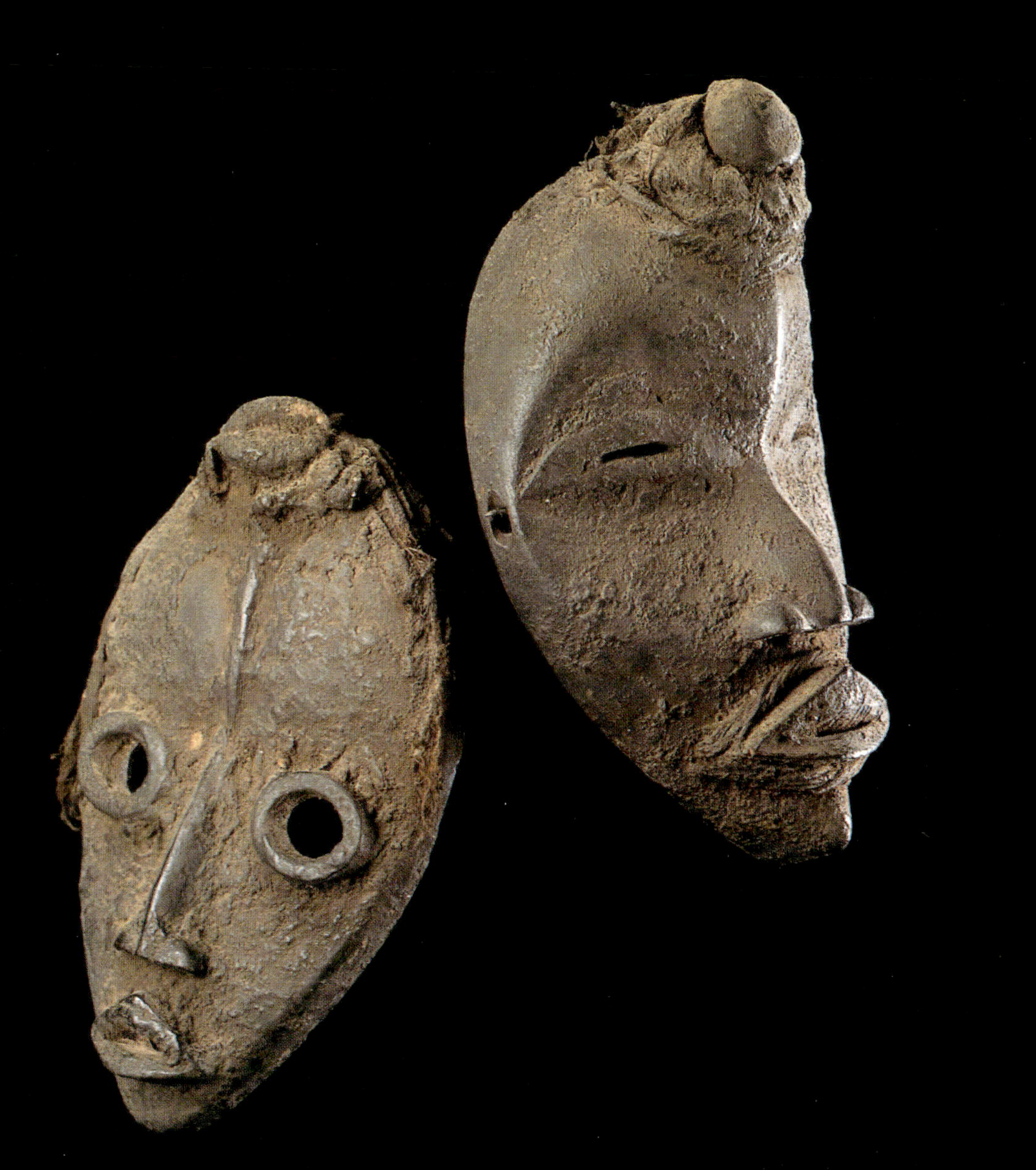

Masques fétiches Guéré - Masques de fétiches de la région de Guiglo, Côte d'Ivoire.

Ceux-ci ont pour mission d'interdire l'entrée de la case aux sorciers. Ce sont des masques de protection.

La société animiste considère volontiers que le masque représente le vecteur de communication le plus important avec l'au-delà, car c'est la tête, lieu des énergies vitales, que pénètrent les génies.

1re *époque - bois -, collection Guenneguez.*

The Guéré Fetish mask - The Fetish of the region of Guiglo, Ivory Coast.

Their role is to prevent the witchdoctors from entering the hut. They are protective masks.

Animist society willingly believes that this mask is most important means of communication with the beyond, for it is the head - the center of vital energies - that the spirit enter.

1st *period - wood - Guenneguez Collection.*

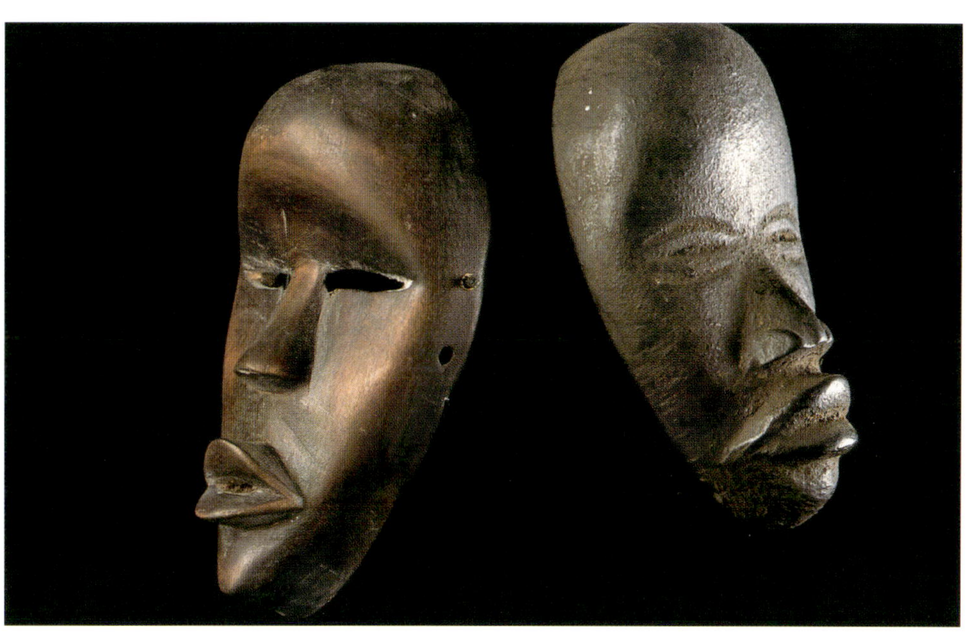

Masque heaume - Pays Sénoufo - Côte d'Ivoire.

Ce masque, qui est une véritable sculpture tridimensionelle, a été sculpté en une seule pièce de bois. En enveloppant complètement la tête du porteur, il se fait l'incarnation du mythe. Les masques heaumes offrent plusieurs facades et points de vue.

2ᵉ époque - bois -, collection Guenneguez.

The "Heaume" mask - Sénoufo country - Ivory Coast.

This mask, a true three-dimensional sculpture, was carved out of a single piece of wood. By completely enveloping the head with porteur, it becomes the incarnation of the myth. The Heaume masks present several different façades and viewpoints.

2nd period - wood - Guenneguez Collection.

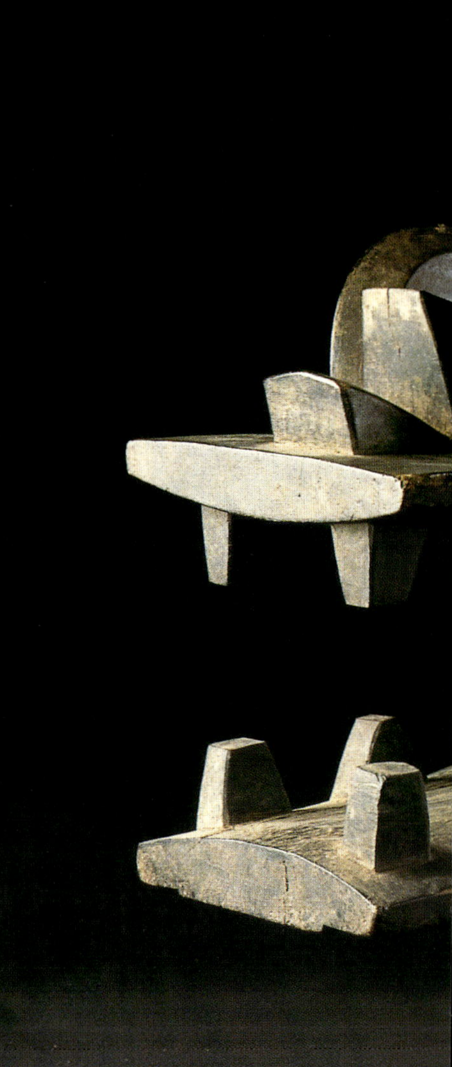

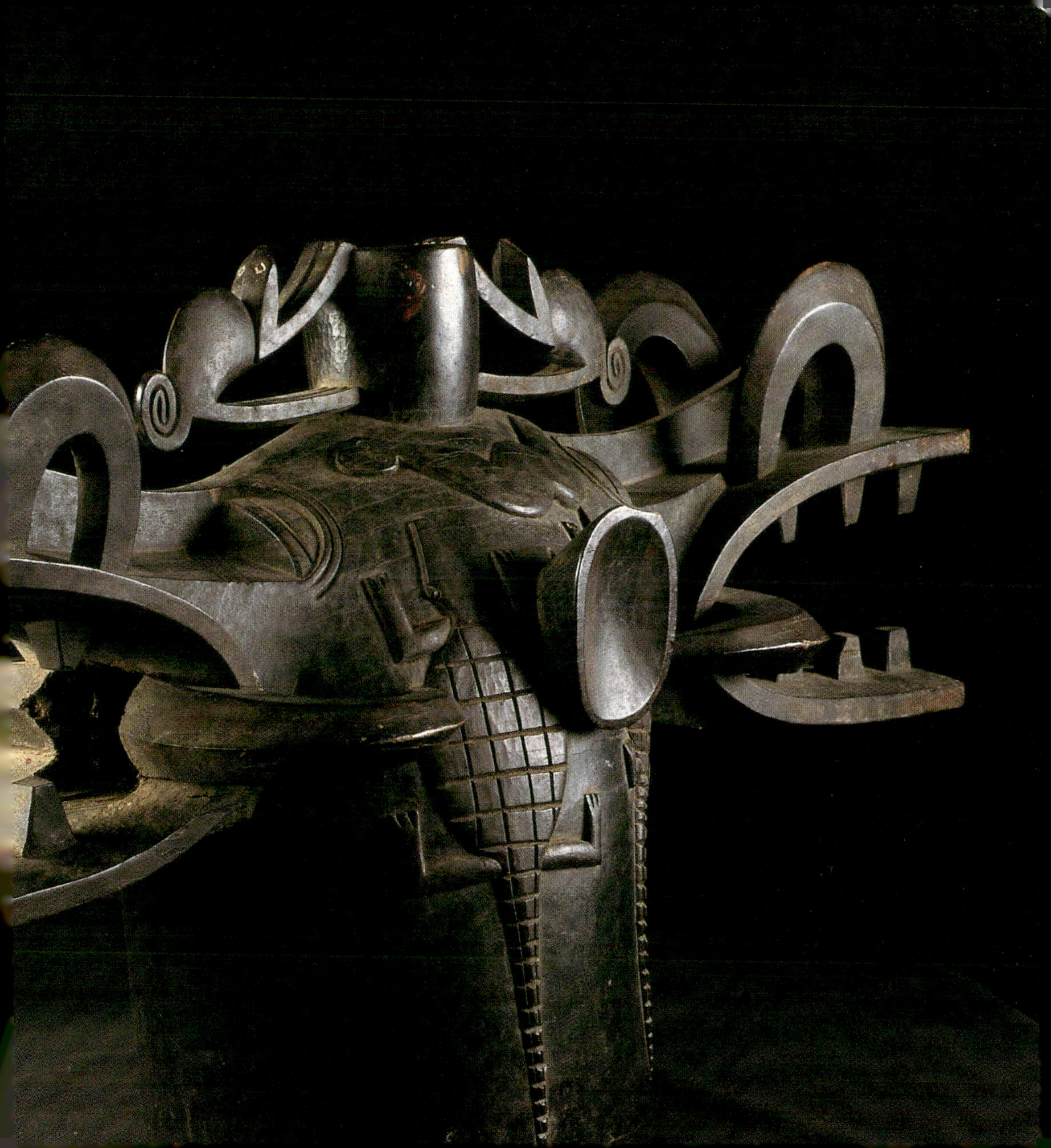

MÉMENTO DU FUTUR ACQUÉREUR DE MASQUE.

Conseil pour la détermination de la qualité pour les objets en bois, de **M. et Mme** A. **Guenneguez** *, dans* "Art de la Côte d'Ivoire et de ses voisins" *- éditions* l'Harmattan :

" ... Les masques doivent porter des traces de "portage" qui sont dégagées par la sueur humaine, la respiration, la traction sur les attaches ; il existe aussi des masques non portés ou peu portés, car essayés et ne convenant pas à l'utilisateur ou à l'utilisation, la patine devient alors le guide, le poids aussi : un masque très lourd n'est pas portable. Si vous le présentez au visage, il doit tomber en face des yeux naturellement. Ou bien, il peut s'agir d'un masque de famille qui représente un ancêtre vénéré et qui est conservé sur un petit autel ou bien suspendu. On peut encore voir dans des familles très chrétiennes ces masques à côté de statues ou de photos de la Vierge ou d'un curé ou pasteur réputé.

Les masques dits "passeports" servent de reconnaissance de tribu à tribu pour voyager, les

MEMENTO FOR A FUTURE ACQUIRER OF MASK.

Advice for determining the quality of wooden objects, by Mr. and Mrs. A. Guenneguez *in* "Art de la Côte d'Ivoire et de ses voisins" - Editions l'Harmattan

"... Masks must bear traces of wear which are result from human sweat, breathing, pulling on the straps; some masks are not worn at all or very little, for once tried on and not suiting the user or use, the patina thus becomes our guide as well as the weight: a very heavy mask is not easily wearable. If you put it up to your face, the eyes of the mask should naturally fall into position before your own. Or you might come across a family mask that represents a venerated ancestor, or one which is kept on a small altar or hung up. We can still find in the homes of very Christian families such masks side by side with statues or photos of the Virgin or a well-known priest or pastor.

The so-called "passport" masks enable the traveler to be recognized as he visits other tribes;

masques de champs sont généralement à l'effigie d'un propriétaire décédé qui continue ainsi à surveiller son champ et ses récoltes pour le bien de ses héritiers... "

" ... Un bois exsude une certaine gomme au fur et à mesure qu'il vieillit pour arriver presque à une vitrification naturelle, qui, si on la frotte avec le dos d'une cuillère en métal chromé, donne au bois un aspect brillant. Une copie, elle, a sa pseudo-patine qui se raye sans briller.

De plus, dans la plupart des cas, les araignées de poussière se sont installées ; les plus grosses, de deux à trois millimètres, ne s'installent que dans un bois ayant au moins 25/35 ans, et plus de cinquante années pour les microscopiques (maximum 1 millimètre de diamètre) ; leur toile très ronde, incrustée dans des creux indécelables à l'œil, résiste même si vous grattez à l'ongle ou frottez énergiquement, et comme l'artisanat d'atelier à la chaîne n'a commencé que vers 1970, toutes les pièces ayant ces indices sont vraies et anciennes... "

the "field" masks are generally made in the likeness of the deceased owner and thus continue to watch over his field and harvests for the good of his heirs..."

"... Wood exudes a certain gum as it ages, thus naturally producing near vitrification, and if you rub it with the back of a chromium-plated spoon, it gives the wood a polished appearance, whereas a copy has but a pseudo patina which scratches without shining.

Moreover, in most cases, dust spiders have settled in; the largest, between two and three millimeters, only appear in wood at least 25-35 years old, and more than 50 years for the microscopic insects (maximum 1 millimeter in diameter); their web - very round and riddled with hollows invisible to the naked eye - resists even if you scratch it with your nail or energetically rub it, and as the mass production workshop craftsman only began around 1970, all pieces having these signs are in fact authentic and ancient..."

Pour conclure

Les arts primitifs n'auront jamais autant fait partie de l'air du temps. Longtemps considérés comme étant effroyablement primaires, et relégués comme tous les bons derniers de la classe au dernier rang, ils sont devenus les "premiers" de leur discipline. Victimes consentantes de leur succès, ils trônent, aujourd'hui, dans les plus illustres galeries du marché de l'art ainsi que les musées les plus prestigieux. Enfin, le rêve d'André Malraux, jadis, est devenu réalité puisque le troisième millénaire célèbrera le sacre de l'art tribal au musée des Arts et Civilisations, à Paris, quai Branly. Ceci pour notre plus grand bohneur puisque l'art primitif jusqu'alors inaccessible est entré au panthéon pour offrir au monde une odyssée à la découverte du continent africain et à la redécouverte de nos racines.

In conclusion,

The primitive arts have never been so up to date. Long considered as horribly primary, and relegated like all the last ones of the class to the back row, they have become the "leaders" of their field. Willing victims of their own success, they today proudly stand in the most prestigious art galleries and museums throughout the world. At last, André Malraux's old dream has become reality since the third millennium will celebrate the sacred tribal art at the Museum of Arts and Civilizations in Paris. Much to our great joy as primitive art, hitherto inaccessible, has entered the Pantheon to offer the world an odyssey of discovery in the African continent and the rediscovery of our roots.

Quelques mots de remerciements à la famille Guénneguez :

Il paraît difficile aujourd'hui d'imaginer l'aboutissement de cet ouvrage sans l'amicale et enthousiaste soutien de Mme Guenneguez et de ses enfants.
Nous tenons tout particulièrement à les en remercier et leur réaffirmer le grand plaisir qui a été le nôtre d'avoir l'opportunité de proposer à nouveau au grand public la collection des masques de la famille Guenneguez.
Cette collection largement méconnue du grand public représente indiscutablement une part importante du patrimoine artistique et culturel de la Côte d'Ivoire et des pays de la région ainsi que leur mémoire.
À l'heure où la popularité des arts dits "premiers" caracole aux sommets les plus prestigieux, au-delà du fantasme, l'espoir demeure entier de voir un jour aboutir le projet qui tenait spécialement à cœur à M. et Mme Guenneguez : rassembler en un musée les œuvres majeures de leur collection afin que perdurent la connaissance, les traditions et le sentiment profond et rassurant de pouvoir se ressourcer au travers de cet extraordinaire patrimoine universel qui fait aussi partie de nous.

Some words of thanks to the Guenneguez family:

It appears difficult today to imagine the creation of this work without the kind and enthusiastic support of Mrs. Guenneguez and her children.
We should particularly like to thank them and say once more how pleased we were to have the opportunity to again offer the general public the Guenneguez family's collection of masks.
This collection, little known to the general public, incontestably represents a large share of the artistic and cultural heritage of the Ivory Coast and the countries of the region, as well as their memory. At a time when the popularity of the so-called "primitive" arts gambols about at the most prestigious heights, beyond fantasy, there is still much hope to see one day the project - so dear to the hearts of Mr. and Mrs. Guenneguez - become a reality: uniting in one single museum the major works of their collection so that endure knowledge, traditions and the deep, reassuring feeling of being able to freshen up one's ideas through this extraordinary, universal heritage that is also part and parcel of ourselves.

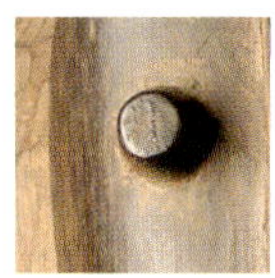

Remerciements

Merci tout spécialement à la famille Guenneguez pour leur gentillesse et l'accueil qu'elle a réservé à ce projet.
Merci de tout cœur à Thierry Etchbarne et son équipe de La Rose d'Ivoire pour leur enthousiasme et leur sollicitude.
À tous ceux grâce à qui ce livre n'aurait jamais pû être : merci !
Merci à Monsieur Krouma Mamadi, chef conservateur de la collection privée de M. et Mme Guenneguez, l'antiquaire N'Guetta Johnson.
Aux antiquaires de la galerie La Rose d'Ivoire, messieurs: Ouattara Kobina, Goré Pierre, Kouakou Namien Alfred, Bazi Maurice, Dou Zébo Yacinthe, Djaah Joël
À mes neveux et à mes "fils de village", à mon Tancrède en particulier qui aime tant le "masque de fer".
À mon Olivier pour tous les masques qui ont chû et pour l'essentiel. M.A.P.
À Jade, Félix et Léo, pour la découverte d'autres cultures, à Alex pour cette passion partagée. T.R

Publié à Paris par ASA Éditions.

Photographies : Thomas Renaut
Textes : Marie-Aude Priez

ASA Éditions 18, *rue Laffitte* 75009 *Paris Tél* : 33 (0)1 47 70 42 90 - *Fax* : 33 (0)1 47 70 42 98.
Directeur de la publication et conception : Thomas Renaut
Maquette : Asa Éditions
Correction : Claude Poizot
Traduction anglaise : Jonathan Gontar
Gravure : Reproscan - Italie
Impression : Sagrafic - Espagne

ISBN: 2-911589 -34-3 *N° d'éditeur*: 2-911589 *Achevé d'imprimer en novembre* 2000. *Dépôt légal: novembre* 2000.